講師・インストラクターハンドブック

効果的な学びをつくる参加者主体の研修デザイン

中村文子、ボブ・パイク 著
WRITTEN BY　AYAKO NAKAMURA　BOB PIKE

日本能率協会マネジメントセンター

はじめに

講師として登壇することになったけれども、いったい何から手を付ければいいのだろう？

1対1で部下や後輩を指導したことはあるけれど、複数の人を相手に教えるのははじめて。研修となると、どんな準備をすればいいのだろう？

社内講師として何度か登壇したけれど、どうしても途中で眠くなる人が出てしまう。どうすれば皆に最後まで興味をもって聞いてもらえるのだろう？

講師の経験を積んできたものの、教え方をきちんと学んだことはなく、試行錯誤と我流の積み上げになっている。体系立てて学んでみたい。

　本書は、こうした悩みを抱える研修講師、社内講師、インストラクター、教員など、教える立場にあるすべての人に、「教える」ことの基本理論と手法を紹介する本です。
　物事には何でも基盤となる理論があるように、「教える」ことにも理論があり、その理論に基づいた手法で教えることで、大きなメリットが得られます。具体的には、次のようなメリットがあるでしょう。

◎ 退屈そうにしている参加者がいなくなる
◎ 積極的な発言が増える
◎ 参加者の学ぶ意欲が高まる
◎ 学習効果が高まる
◎ 学んだことを実践する確率が高まる

ぜひ皆さんにもこうしたメリットを実感していただきたいと願っています。

　私自身が、先のメリットが凝縮されたような経験をしたことがあります。
　2006年、ATD（Association for Talent Development）のカンファレンスにはじめて参加した時のことです。そこで、本書の共著者、ボブ・パイクに出会いました。
　全世界から数千人が参加する大規模なカンファレンスですが、ボブの講演は大変人気があり、1000人を超える参加者が一堂に会する場所で行われました。
　シアター形式で椅子だけがずらりと並べられた大きな会場。90分間の講演は、前評判通り、開始15分前には満員御礼。
　このような状況で行われる講演と言えば、「講師が一方的に話をして聴衆は聞き入る」のがふつうでしょう。
　しかし、ボブの講演はその予想を見事に裏切ったものでした。
　開始から60分ほど経過した時のことです。ふと我に返り、「あれ？ この会場、確か大きかったはず。何人くらい入っているのだろう」と思って、後ろを振り向きました。
　1000人もの参加者がいる講演であったにもかかわらず、まるで数10人ほどで行われているかのように、全員が巻き込まれていたのです。何を隠そう、私もその１人でした。
　ボブは、決して、ハイテンションで、大声で話すような雰囲気ではなく、どちらかというと物静かな話しぶりです。それにもかかわらず、1000人もの参加者をほんの数十分で巻き込んでいたのです。
　後になって理解したことですが、本書で紹介する「参加者主体」の研修手法に則って研修をデザインし、デリバリーとファシリテーションのテクニックを駆使すれば、そんな奇跡のようなことも可能になるのです。

「参加者主体」の研修では、「人はどう学ぶのか」に基づいてデザインし、研修当日のデリバリーとファシリテーションを行います。

行うことすべてに理由があります。根拠となるものがあるので、どんなテーマの研修でも、どんな状況でも、広く応用ができる理論・手法と言えるでしょう。つまり、10～20人規模の研修から、100人規模のセミナー、さらにはボブがしたように1000人を超える大聴衆を前にした講演においても、参加者を巻き込み、効果的な学びを促すことができるのです。

あの衝撃的な体験から10年以上が経ち、現在、私は、その研修手法を、日本人向けにアレンジし、伝えることを仕事のひとつとしています。

本書では、オリジナルの研修手法を体系化したボブとともに、「参加者主体」の研修をデザインし、運営するうえで必要なスキル、テクニックを網羅しました。

経験を積んだプロの講師・インストラクター・トレーナー、教員の方はもちろんのこと、はじめて研修を担当する方、社内講師の方でもすぐに現場で活かしてもらえるように、できるだけ具体的なスキル、テクニックをまとめたつもりです。

本書を手にとられた皆さんに、ぜひ研修、授業の中で活用いただき、学習効果という面からも、講師としてのやりがいという面からも、成果を実感していただけるのであれば、著者にとってこのうえない喜びです。

「この研修・授業を受けて良かった！　楽しかった！」
そう思ってくれる参加者を1人でも増やし、世の中から退屈で身に付かない研修や授業をゼロにしていきましょう。

ダイナミックヒューマンキャピタル株式会社

中村　文子

目
次

CONTENTS

Trainer / Instructor Handbook

はじめに　3

第1章　研修の効果を高める　〜参加者主体の研修とは〜

1−1　研修の目的と講師の役割

○「教えること」がうまくいかない理由　21
「説明する」と「教える」の違い　21　／研修がうまくいかなかった理由　26　／そもそも何のために研修を行うのか　27

○研修の目的と講師の役割　28
研修の目的とは　28　／講師の役割　28

1−2　参加者主体の研修とは

○参加者主体の研修　32
参加者主体の研修とは　32　／研修の質向上が、知の伝承につながる　33

○参加者主体の研修の基盤となる「学習の法則」　34
法則1　学習者は大きな身体をした赤ちゃんである　34　／法則2　人は自分が口にしたことは受け入れやすい　35　／法則3　習得はいかに楽しく学ぶかに比例する　35　／法則4　行動が変わるまでは学習したとは言えない　36　／法則5　くわっ、くわっ、くわっ　26

1−3　研修参加者を理解する

○研修参加者のスタンスを考える　38
研修参加者のスタンス　38

○学習スタイルの違いを考慮する　40
学習スタイルとは　40　／学習スタイルの分類①　情報の構築　40　／学習スタイルの分類②　何を学ぶか　41　／学習スタイルの分類③　学習プロセスの好み　41　／「学習スタイル」の違いを受け入れた研修をつくる　41

○参加者の知識・経験　43
参加者の知識・経験を分析する　43

第2章　なぜ研修が必要なのか？　〜研修作成の準備〜

2−1　研修の必要性を分析する

○研修がいつでも「答え」になるとは限らない　47
現場の問題意識はそのまま研修に活かせるのか　47　／本当に研修が必要なのか　47

○研修の必要性を分析する　49
分析のためのフレームワーク　49　／①ニーズを決定する　50　／②組織のレベルを決定する　50　／③改善のための戦略・対策を決定する　52

○最適な解決策を見極める３つの指標　53
３つの指標で最適な解決策を見極める　53　／研修の必要性と講師の役割　54

○研修が有効な解決策ではない時の対処法　55
研修がいつも有効な解決策とは限らない　55　／現実的な対応は「組み合わせ」　56

2−2　研修の目的を分析する

○「伝える」「学ぶ」は研修の目的ではない　59
漠然とした目的を掲げるリスク　59　／研修の「目的」はできるだけ明確に設定する　60

○研修に明確な目的を設定する２つのメリット　61
メリット①　参加者に意図が伝わりやすくなる　61　／メリット②　研修コンテンツを検討する際の判断基準になる　61

○研修目的の設定方法　62
研修の目的として避けたい表現　62　／適切な目的の設定方法　63　／目的とともに予備知識を明示する　64

2−3　教える内容を整理する

○教える内容をKSAに分類する　66
KSAとは何か　66　／A（態度・姿勢）を明文化することの大切さ　67　／KSAのメリット　68

○KSAをデザインする　69
KSAをどのように教えていくか　69　／KSAの組み立て方　69

2−4　研修内容を定着させるには

○行動変容のメカニズム　72
脳の回路がつくられるには18日～８カ月かかる　72　／呼びかけても脳の新しい回路はつくられない　73

○行動変容を促す２つのポイント
ポイント①　リビジットのしくみ　73　／ポイント②　試行錯誤の期間を見込み、参加者の周囲や上司を研修に巻き込む　74

2−5　研修前後のプロセスをデザインする

○研修をイベントで終わらせないために　77
研修参加者に影響力が高い人を巻き込む　77

○研修前後に参加者の上司を巻き込む方法　77
研修前のプロセスに巻き込む　77　／研修後のプロセスに巻き込む　79／研修前後のプロセスを「しくみ」として組み込む　80

第3章 研修を組み立てる ～インストラクショナルデザインの基本～

3-1 研修デザインの落とし穴

○落とし穴① スライド作成から始める 85
インストラクショナルデザインの必要性 85 ／インストラクショナルデザインとは 85

○落とし穴② 参画のためにグループワークを取り入れればいいと思っている 86
ワークショップを取り入れれば参画型の研修ができるのか 86 ／参画とは 86 ／「派手なアクティブラーニング」と「地味なアクティブラーニング」 87

○落とし穴③ 講師と参加者の会話のみで研修が進む 89
ランダムに指名することは参画なのか 89 ／参加者同士の対話が学びの効果を高める 90

○学習効果の高い研修を組み立てるには 91
・参加者主体の研修に欠かせない3つの要素 91

3-2 時間をデザインする～「90／20／8」の法則

○学習に有効な時間配分とは 94
学習に適した時間配分をもとに研修を組み立てる 94 ／脳が集中をキープできるのは90分まで 94 ／2時間研修における休憩時間の考え方 95

○90分をどうデザインするか
「90／20／8」の法則 96

○参画の方法 97
8分に1回参画してもらうには 97

○学んだ内容を記憶に定着させる 98
聞いた情報の大半は学習後すぐに忘れられてしまう 98 ／長期記憶への移行を助ける「リビジット」 99 ／参画により長期記憶へと移行する 100

3-3 研修コンテンツを組み立てる

○研修コンテンツの組み立てとKSAフレームワーク 102
KSAに分けて考える 102

○K（知識）に関するコンテンツを組み立てる 103
「時間が足りない」という問題点 103 ／情報の洪水を防ぐには 103 ／情報量の多さが抱えるリスク 104 ／情報量を限定する～「7±2の法則」～ 105

○長期記憶への移行を助ける5つの方法 106
脳のメカニズムに基づいてコンテンツを整理・配分する 106 ／長期記憶への移行を助ける方法① 関連付ける 106 ／長期記憶への移行を助ける方法② 意外性の

あるものにする　107　／長期記憶への移行を助ける方法③　最初と最後を重視する　107　／長期記憶への移行を助ける方法④　書いて覚える　108　／長期記憶への移行を助ける方法⑤　くり返す　108

○S（スキル）に関するコンテンツを組み立てる　109
スキルは講義では習得できない　109　／スキル練習は無理のない積み上げをデザインする　109

○A（態度、姿勢）に関するコンテンツを組み立てる　112
どのようにして感情を動かすか　112

○インストラクショナルデザインの具体例　114
インストラクショナルデザインを組み立てる　114

3−4　構成順序を考える

○「理論から始めなければいけない」という大きな勘違い　118
講師の役割への誤解　118　／「理論から始めなければいけない」という思い込みを排除する　119

○理論から入らない研修をデザインする　121
理論から入らない研修の2つのパターン〜EAT〜　121　／パターン①　過去の経験や知識を活用してもらう方法　121　／パターン②　研修の場で実際に体験してもらう方法　123　／理論から入らない研修デザインを機能させるポイント　126　／理論から入らない研修のメリット　128

○理論から始めるデザインが向いている研修とは　129
理論から始めたほうがいい2つのケース　129
（コラム）わざと失敗させる研修デザインは効果的か　130

3−5　オープニングとクロージングをデザインする

○脳のしくみに合わせたオープニング、クロージングをデザインする　132
スタート15分に対する誤った思い込み　132　／脳は最初と最後の情報を記憶する　133　／過度な緊張状態にある脳は学べない　134

○オープニングのデザインのポイント　135
オープニングに入れるべき3つの要素　135

○オープニングをデザインする　137
効果的なオープニングのパターン　137

○オープニングの工夫例　138
アクティビティを工夫する　138　／効果的な自己紹介の進め方　142

○学習効果を高めるクロージング　143
脳に記憶させたい情報は何か　143　／効果的なクロージングとは　144　／クロージングをデザインする　145

○各単元のオープニングとクロージング　146
各単元の学習効果を高めるコツ　146

3−6 脳を活性化し、学習効果を高める

○脳の活性化を研修デザインに組み込む 149
脳を活性化させる4つの方法 149

○脳を活性化させる方法① 体を動かす 150
体を動かすことの重要性 150 ／研修＝座りっぱなしという固定観念はないか 150 ／体を動かして脳を活性化する方法① 立ち話 151 ／体を動かして脳を活性化する方法② ワークに立つ動作を取り入れる 153

○脳を活性化させる他のコツ 154
体を動かす以外で脳を活性化させるには 154

第4章 講師・インストラクターの基本スキル
～基本のデリバリースキル、ツールを身に付ける～

4−1 会場設営

○会場設営の基本 157
会場設営は参加者へのメッセージ 157 ／設営方法① スクール型 157 ／設営方法② シアター型 158 ／設営方法③ コの字型 159 ／設営方法④ ボードルーム型 159 ／設営方法⑤ 島型 160 ／設営方法⑥ 円卓 160

○会場設営の注意点 162
①スペースに余裕をもたせる 162 ／②出入り口の位置は部屋の後方に 163 ／③参加者の席以外に設置が必要なスペース 163 ／④設営の時間には余裕をもつ 163
（コラム）時間に余裕をもつことの大切さ 164

4−2 講師・インストラクターの7つ道具

○参画型の研修を助ける7つ道具 166
講師と参加者の距離を近づけるには 166 ／7つ道具① リモートマウス 166 ／7つ道具② ピンマイク 167 ／7つ道具③ スクリーンに表示できるタイマー 167 ／7つ道具④ 音楽 168 ／7つ道具⑤ エナジーチャイム 169 ／7つ道具⑥ フリップチャート 169 ／7つ道具⑦ カラフルで太い水性ペン 170

4−3 講師・インストラクターの基本動作

○講師・インストラクターの基本動作 172
講師の印象が学びの質を左右する 172 ／基本動作① 基本姿勢・立ち方 173 ／基本動作② 立ち位置 174 ／基本動作③ 歩き方・動き 175 ／基本動作④ ジェスチャー 176 ／基本動作⑤ 服装 176 ／基本動作⑥ アイコンタクト 177 ／基本動作⑦ 表情 179

4－4 講師・インストラクターの話し方とコミュニケーションスキル

○講師・インストラクターの「声」の使い方　181
身体をほぐす　181　／声の使い方　182

○話し方に関する4つのポイント　183
ポイント①　間を入れる　183　／ポイント②　スピードに留意する　184　／ポイント③　無駄な言葉を入れない　185　／ポイント④　言葉の選択、用語　185
（コラム）自己認識が上達の第一歩　187

○講師・インストラクターのコミュニケーションスキル　187
特に必要なのは傾聴、共感　187　／参加者と個別のコミュニケーションをとる　189

4－5 教材の準備

○研修教材に関する大きな誤解　192
研修教材：スライドとワークブックの目的　192　／スライドを印刷配布することの問題点　193

○研修教材作成のポイント　194
スライド作成のポイント　194　／ワークブック作成のポイント　196　／スライドの使い方　197

○ホワイトボード、フリップチャートの活用法　198
ホワイトボード、フリップチャートの効果的な使い方　198

4－6 リハーサルで準備を整える

○リハーサルの進め方　201
ベテラン講師でもリハーサルが欠かせない　201　／丸暗記はしない　201

第5章　学習環境をつくりだす　〜学ぶ意欲を引き出す場を設定する〜

5－1 安心して学べる環境をつくりだす

○過度なストレスは学びを阻害する　205
学びに対する誤解　205　／学びへの誤解①　新入社員には厳しい指導が必要？　205　／学びへの誤解②　水も飲んではいけない？！　206　／「習得はいかに楽しく学ぶかに比例する」　206

○安心して学べる環境をつくりだす　207
安心して学べる環境とは　207

○安心して学べる環境のつくり方①　発表　208
発表が嫌がられる理由　208　／アプローチ1：発言内容が間違いになるような問いを避ける　208　／アプローチ2：答えを予想して答え合わせをする　209　／アプローチ3：連帯責任の発表にする　210

○**安心して学べる環境のつくり方②　ロールプレイ**　211
ロールプレイが嫌がられる理由　211　／適切なセッティングを行う　212　／適切なフィードバックを行う　213

○**安心して学べる環境のつくり方③　参加者評価**　214
参加者評価は本当に必要か　214

○**安心して学べる環境のつくり方④　物理的な快適さ**　216
物理的な環境を整える　216

○**楽しい学びを実現しよう**　217
楽しい＝知的好奇心をくすぐる　217　／適度なストレスのある場をつくる　217

5-2　全員を巻き込む

○**安心して学べる環境と「開放性」**　220
開放性とは　220　／一部の参加者ではなく、全員が対象　221

○**発言の機会を平等にする工夫**　222
発言が一部に偏らないようにするために　222　／工夫①　話す前に個人で考える　222　／工夫②　リーダーを決める　223　／工夫③　発言を制限する　224　／工夫④　道具を使う　224

○**発言するメンバーを固定しない工夫**　226
役割、チームメンバーをローテーションする　226

5-3　主体性を引き出す

○**参加者の主体性が必要な理由**　228
受け身の学習環境をつくっていないか　228　／「支配性」の放棄　229

○**参加者の主体性を引き出す方法**　230
座席を選ぶ　230　／場所、道具などを選ぶ　231　／役割を選ぶ　231　／ペアワークの相手を選ぶ　231　／取り組む課題、取り組む順序を選ぶ　232　／研修後に実践することを自分で考えて決める　232　／発表する順番を選ぶ　232

○**講師側の不安**　233
研修がコントロールできなくなるのではないか　233

5-4　突然の指名は適切ではない

○**「突然の指名」のデメリット**　236
なぜ、突然の指名をしてしまうのか　236　／なぜ、突然の指名は避けたほうがいいのか　237

○**「突然の指名」に代わる方法**　238
眠気を覚ます方法　238　／理解を確認する方法　238　／発言を促す方法　239　／知識・経験な豊富な方の発言を促す方法　239

5-5 参加者同士のコミュニケーションを促す

○積極的なグループワークを促すポイント 241
グループの人数は何人が適切か 241 ／基本① 短い時間でもワークができるペア 242 ／基本② グループワークに最適な5～6人 243 ／例外① 3～4人グループは「仕切り」が起こりやすいので要注意 244 ／例外② 7人以上のグループ 244 ／例外③ 参加者全員をひとつのグループにする 245

○グループワークの問題点への対処法 246
物理的な制約を克服する 246

5-6 反応があまりない場合の対応方法

○予想していたような反応がない場合どうするか 250
「反応がない＝つまらない」という誤解 250 ／慣れていないことには反応できない 251

○反応があまりない場合の対応法 252
講師がニュートラルであり続ける 252 ／ひとりで考える時間を十分にとる 252 ／簡単な方法で意思表示してもらう 253

第6章 研修を効果的に運営する
～デリバリーとファシリテーションのコツ～

6-1 脳のメカニズムに合わせた研修を行う

○研修運営がうまくいかない典型的なケース 257
ケース① 注目してもらえない 257 ／ケース② ノートをとるのに必死になっている 258 ／ケース③ 考える時間がない 258

○脳のメカニズムに合わない研修はうまくいかない 259
3つのケースに共通する理由を考える 259 ／脳はマルチタスクができない 261

○脳のメカニズムを意識した研修運営 262
参加者の情報処理をスムーズにさせるコツ 262

6-2 双方向的なレクチャーを実現する

○なぜ、レクチャーは一方的になってしまうのか 264
理想的なレクチャーの姿とは 264 ／双方向的なレクチャーは可能なのか 265

○双方向的なレクチャーを実現する3つのアプローチ 267
アプローチ① 予想 267 ／アプローチ② 意思表示 268 ／アプローチ③ リビジット 269

6−3　ワークショップを円滑に運営する

○ワークショップがうまくいかない理由　271
わかりにくい説明がワークショップの運営を妨げる　271

○ワークショップを円滑に進める指示のポイント　272
ポイント①　結論を最初に言う　272　／ポイント②　短い文に区切る　273　／ポイント③　丁寧な言葉で話す　274　／ポイント④　笑顔で言い切る　274

6−4　質問対応

○参加者からの質問の意義　277
質問を次に活かす　277

○質問対応の基本ステップ　278
質問対応の４つのステップ　278　／ステップ１　お礼を言う　278　／ステップ２　質問内容や意図を確認する　278　／ステップ３　回答する　280　／ステップ４　答えが十分であったかを確認する　280

○難しいケースへの対処法　281
ケース①　講師自身が答えがわからない質問　281　／ケース②　講師にチャレンジするような質問　282

○質問をしやすい環境をつくる　283
質問対応で注意したい２つの言葉　283

6−5　時間管理

○予定時間のずれへの対処法　285
時間の前後があるのは当たり前　285　／余裕をもったデザインを行う　286　／記録を残す　288

○予定通りに進める５つのポイント　288
ザイガニック効果とは　288　／ポイント①　分担する　288　／ポイント②　ペースの違いを予測したデザインをする　289　／ポイント③　タイマーを見えるようにする　290　／ポイント④　残り時間を予告する　291　／ポイント⑤　完全を目指さない　291

6−6　グランドルールを設定する

○研修を円滑に進めるグランドルール　294
グランドルールとは　294　／「スタイル」や「姿勢」についてのグランドルール　295

○主体的にグランドルールを設定する　296
主体性を引き出すグランドルールの設定方法　296　／講師が守るべきグランドルールを設定する　297

6−7　講師・インストラクターのモチベーション管理

○モチベーションが研修の成果を左右する　299

モチベーションの低下は必ず伝わる　299

　○モチベーションを保ち続けるために　300
モチベーションのスイッチを入れる　300　／講師の役割を認識する　301　／自分
自身が楽しむ　302

第7章 社内講師を任されたら　～最短で効果的な研修を運営する～

7-1　社内講師として必要なもの

　○社内講師の意義、役割　305
社内講師は価値のある仕事　305　／教えられるレベルになってこそ、本当の「プロ」
305　／学習の5段階　306

　○社内講師に求められること　308
知識の再構成を行う　308

7-2　これだけは押さえておきたい社内講師の研修スキル

　○社内講師が押さえておきたい研修準備のポイント　312
インストラクショナルデザインの基本　312　／余力があればデリバリースキルを磨
く　312

第8章 研修の効果測定とPDCA

8-1　研修の効果測定を行う

　○研修の効果測定とは　317
カークパトリックの4段階評価法　317　／レベル1　反応　318　／レベル2　習
得　318　／レベル3　行動　318　／レベル4　成果　319　／ステークホルダーが
知りたいのは「結果」　319

　○効果測定と研修デザイン　320
レベル4からさかのぼって研修をデザインする　320

8-2　研修のPDCA

　○PDCAのまわし方　323
自分で行うPDCA　323　／他者を巻き込んで行うPDCA　324
（コラム）PDCAの実践例～大学の授業改善を学生が支援する～　325

　○講師が目指すもの　326
研修に求める基準を設定する　326　／講師として研鑽を続ける　326

おわりに　328

参考文献　331

第 1 章

研修の効果を高める
〜参加者主体の研修とは〜

Trainer / Instructor Handbook

1-1

研修の目的と講師の役割

　講師・インストラクターにとって、「いい研修をしたい」と思うのは当然のことです。しかし実際に「いい研修」を行うのはそう簡単なことではありません。
　いい研修を行えない理由はいくつもありますが、研修のそもそもの目的を「誰かに何かを伝えること」だという誤った認識をしているようでは、研修の効果をあげるのは難しいと言えます。
　そこで本項では、よくある研修の失敗例を見たうえで、研修の目的、そして講師の役割を考えていきます。

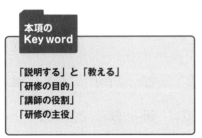

本項の
Key word

「説明する」と「教える」
「研修の目的」
「講師の役割」
「研修の主役」

「教えること」がうまくいかない理由

「説明する」と「教える」の違い

　講師・インストラクターとして研修を任されたからには、参加者にとって有意義な研修を行いたいと思うものですが、それを実現するのは簡単なことではありません。

「相手にわかりやすく説明できるようになりたい」

　講師、インストラクター、トレーナー、教員など、誰かに何かを教える立場になった人からよく聞く言葉です。
　しかし、「わかりやすい説明」は、良い研修の大切な要素ではありますが、それだけでは足りません。伝えたからと言って、相手が学んだとは限らないのです。つまり、**人に何かを「教える」というのは、「説明する」こととは違うもの**なのです。
　以下では、その勘違いが招いた2つの失敗例を紹介します。
　このケースを元に、講師の役割と目指すべき研修の姿を考えていきましょう。

◎ケース①　はじめて社内講師を経験した鈴木さん

　入社15年目の鈴木さんは、人事部から社内講師の依頼を受けました。専門技術について、新入社員研修で90分の講義をしてほしいというのです。
　人前で話すことは得意ではないものの、知識も経験もそれなりに持

Trainer / Instructor Handbook　021

ち合わせているつもりだったので、鈴木さんは引き受けることにしました。

「なるべく素人にもわかるように、そして興味をもってもらえるように準備をしよう」そう思った鈴木さん。普段からこの分野についてプレゼンテーションを行う機会があるので、スライドは難しいところを割愛すれば既存のものが活用できそうです。

　専門外の人にもわかってもらえるように、この技術がどんなところで役に立っているかという多くの身近な事例を用意しました。また、一方的な講義にならないように、時おり質問を投げかけてみようと考え、準備を進めてきました。

　そしていよいよ研修当日。新入社員25名を前に鈴木さんは話を始めました。

　皆、鈴木さんの話に一生懸命に耳を傾け、メモをとったりしています。鈴木さんも、最初は少し緊張しましたが、話し始めると、調子が出てきました。

　ところが10分、20分と経過すると、退屈そうにしている人や眠気と戦っている様子の人が目につくようになりました。そこで鈴木さんは、新入社員に問いかけました。

　「○○について、わかる人はいますか？」

　しかし、反応はありません。

　さらに10分が経過。眠そうにしている人がさらに増えてきたようです。焦り始めた鈴木さんは、興味を引き付けようと質問し、挙手してもらうことにしました。

　「正解はA、B、Cのどれだと思いますか？　外れてもいいので、どれかひとつ選んで手を挙げてください。Aだと思う人？　Bだと思う

人？　では、Cだと思う人？」

　ABCそれぞれに3-4名ずつ手が挙がりましたが、どれにも手を挙げていない人が10名以上いました。

　残り40分になった頃には、かなりの人が眠そうな様子です。眠気を覚ましてもらおうと時おり質問を投げかけてみますが、反応はありません。

「この点について、皆さんはどう思いますか？」

　手が挙がらないので、やむを得ず指名することにしました。

「〇〇さん、いかがですか？」

　指名された人は、焦った様子で、隣の人に相談し、何とか答えてくれました。
　こんなことをくり返すうちに、残り時間は20分ほどに。「早く終了時間になってくれたらいいのに」というのが、この時の鈴木さんの本音です。その後は、「問いかけをしても反応はないだろう」と思い、予定していたスライドの解説を一方的に続け、ようやく終了時刻を迎えます。
　鈴木さんは何とか役目を終えましたが、こんな経験はもうしたくないので、「次回依頼されたら断ろう」と思ってしまいました。

◎ケース②　講師経験10年の山田さん

　山田さんは、講師として仕事を始めて10年。

　エネルギーに溢れ、実体験のエピソードがふんだんに盛り込まれたテンポのいい講義が定評です。研修参加者は、いつも「うんうん」と頷きながら納得の表情を浮かべ、聞き逃すまいとメモをとり、自分のことに当てはめて色々と考えている様子です。参加者からの評価も高く、多くの企業からリピートの依頼を受けていました。

　そんなリピートの依頼を受けたひとつの企業における3年目研修でのことです。参加者は30名ほど、3時間のセミナーです。
「できるだけ参加者に考えさせたり、発言させたりして、双方向的なものにしてほしい」というリクエストを受けた山田さんは、ワークショップスタイルにしようと準備してきました。3時間のうち最初の2時間はいつも通りのスタイルで講義をし、休憩をとった後は参加者に自由に発言してもらうという計画です。

　いつも通りエネルギー溢れる講義を展開しました。参加者は、頷いたり、メモをとったりと好反応です。2時間の講義を終え、10分間の休憩時間の後はワークショップの予定です。そこで山田さんはこう伝えました。
「ここからは皆さんの時間です。ここまでの私の話をリフレクションし（振り返り）、グループでディスカッションをしましょう。何を話していただいても結構です。自由にグループで討議してください。30分時間をとります。30分後に、話した内容を各グループから発表していただきます」

　5つのグループに分かれた参加者は、思い思いに話をしている様子

でした。そして、30分が経過したところで、各グループからの発表を聞くことにしました。

「私たちのグループでは、先生のお話はとても素晴らしく、私たちもそのように仕事ができたらいいな、という話をしました。ただ、現実は難しいよね、という話にもなりました。いつも目の前の仕事に追われていて、とりあえずそれを片付けることが先決で、なかなか長期的な視点をもって動く時間がとれないのが現実です。ですので、これからは少しでもいいので、今日のお話のような意識がもてたらなという意見が出ました」

「私たちのグループでも、先生のお話はとても素晴らしく、私たちも仕事に対する姿勢を考えさせられたという話をしました。ただ、現実は難しいという点も先ほどのグループと同じです。大きな声では言えませんが、実際には先生のお話に出てくるような上司もあまりいないので、どうしたらいいのか、具体的なところまでは話がまとまりませんでした」

　以降のグループも、同じような内容の発表でした。
　山田さんは落胆しました。
　興味をもっているように見えただけで、実際はそうでもなかったのか、それとも参加者の分析力、思考力があまり高くなかったのだろうか——。
　終了後、企業の担当者からも同じような感想がありました。「現実への落とし込みを考えるのが大切なのに、初歩的なコメントばかりで申し訳ありませんでした。来年は進め方をもう少し考えないといけないかもしれませんね」と言われ、「来年はリピートの依頼がないかもしれない……」と考えながら、会場を後にしました。

研修がうまくいかなった理由

この2つのケースは、なぜうまくいかなかったのでしょうか。

まず、鈴木さんがうまくいかなかった理由として次のような点が考えられます。

◎ケース①　鈴木さんの研修がうまくいかなかった理由

● 講義の内容に関する問題点
  ・既存のプレゼンテーション資料の内容が、新入社員にとっては難易度が高すぎたため落ちこぼれる人が出てきてしまった
  ・今回の研修における達成目標が曖昧だった（新入社員に何を得てほしいか、研修後何ができるようになってほしいかという視点が欠けていた）

● 参画を促すファシリテーションが不十分だった
  ・一方的な研修構成（デザイン）だったため、参加者が眠くなってしまった
  ・講師と参加者のやり取りに加え、参加者同士のやり取りが必要だった
  ・突然の指名など、参加者にとって安全に学べない環境だった

● 講師の役割について誤解していた
  ・「講師＝情報提供者」という思い込みがあった
  ・「必要のないレベル」の知識を洪水のように参加者に浴びせかけてしまっていた

また、ケース②山田さんの研修には、次のような問題点があります。

> ## ◎ケース② 山田さんの研修の問題点
>
> - **講義は講義、参画は講義後の「ワークショップ」と分けていたこと**
>   - ・講義の後にグループディスカッションの時間をとるだけでは、「双方向」や「参画型」としては不十分であった
>   - ・２時間の講義が一方的に話すスタイルだったため、主体性をもって学ぶのが難しかった
>   - ・興味をもって話を聞いていたとしても、ノンストップであったため、落とし込みや整理ができず、結果として講義の内容が長期記憶に定着しなかった
>
> - **自分の話に納得してもらうことで満足していたこと**
>   - ・講師は「いかにインパクトのある話をするか」が重要だという誤った認識をしていた
>
> - **学びを深めるための問いかけができていないこと**
>   - ・意義ある話し合いを促す質問、問いかけができなかった

そもそも何のために研修を行うのか

　何かについて知識や経験が豊富であるということと、それを教えることができるというのは、別のスキルです。教えることについてのノウハウやスキルを学ぶ機会がないまま講師として登壇してしまうと、鈴木さんのような苦い経験をするリスクが高くなります。

　また、山田さんのように話術に長けていれば良いかというと、そうでもありません。人に何かを「教える」というのは、「伝える」こととは違うからです。

　つまり、**研修は、「説明する」「伝える」ことが目的ではないのです。**

　では、そもそも研修は何のために行うのでしょうか。その目的とともに、講師の役割を考えていきましょう。

Trainer / Instructor Handbook　027

研修の目的と講師の役割

研修の目的とは

　すべての研修は「結果」を得るために行うものです。
　知識やスキルを習得してもらうことは途中の成果であり、最終的には、研修で学んだ知識やスキルを活用し、ビジネス上の成果を出してもらうために行うべきものなのです。
　そう考えると、研修を行う講師・インストラクターが何をすべきかが見えてくるでしょう。講師は、参加者が研修で学んだことを活かして、さらに活躍してもらうために存在しています。研修で学んだことがきっかけとなり、課題が解決できた、業務改善が進んだ、新たなビジネスチャンスを開拓することができた——これが、講師が目指すゴールです。

　先の鈴木さんのように必要のないレベルの知識を一方的に説明することや、山田さんのように「おもしろい話」「インパクトのある話」をしたものの、参加者の学びを深められなかったことは、本来の研修の目的にかなった講師の仕事とは言えないでしょう。

講師の役割

　講師は、参加者が研修で学んだことを活かして、さらに活躍してもらう手助けをする存在です。研修で学んだことを参加者自身が活かしてこそ、講師の役割が果たされます。

　私（ボブ）が経験したエピソードを紹介します。
　あるカンファレンスでスピーカーとして講演を行った時のことです。
　講演終了後、参加者の中の1人が、私に話しかけてきました。

「私は10年くらい前に、ボブ・パイク・グループのトレーナー養成ワークショップに参加したことがあります。その時に学んだことは今でも自分の研修に大きく役立っていて、とても感謝しています。あの時あれを学ばなかったら、自分のキャリアは大きく変わっていたのではないかと思うくらいです。その時は別の講師が担当していたので、今日は創設者であるあなたの講演が聞けるのをとても楽しみにしてきました」

　その言葉を聞いて私はとても嬉しく思い、こう尋ねました。

「その時の講師は誰でしたか？」
　そんな素晴らしい仕事をしてくれた講師本人に、彼女の話を伝えようと思ったのです。すると彼女は困った表情を浮かべ、こう言いました。

「本当に申し訳ないのですが、お名前が思い出せません」

　私は、この言葉を聞いて、とても嬉しくなりました。**講師が誰だったかは思い出せない、というのは講師にとっては褒め言葉**だと思うからです（なお、その後、研修に参加した場所や時期、男性・女性、彼女が働いていた会社などを聞き、講師が誰だったかの予測を立て、本人にもこのエピソードを伝えることができました）。

　大切なのは、学んだ内容を覚えていて、活用して成果を出してもらうことなのです。講師のインパクトが強いことは重要ではありません。
　彼女は学んだ内容を覚えていて、活用し続けていました。成果も出していました。だからこそ、もっと学びたいと私の講演に来てくれていたのです。
　もし、講師のことは覚えているけれども内容は覚えていないのであれば、研修としては意味がありません。
「自分のことを覚えていてもらえて嬉しい」と感じる講師が多いかもしれませんが、現実には、それでは本来の役割を果たせていないのです。

Trainer / Instructor Handbook　029

研修の主役は、講師ではなく参加者なのです。
本書で紹介するのは、そんな参加者が主役となるような研修手法です。

1-2

研修の効果を高める

参加者主体の研修とは

　本書で紹介するのは、参加者が主役となる「参加者主体の研修」です。

　その詳しい設計方法、運営方法は、次章以降で紹介していくことになりますが、ここではまず講師・インストラクターが身に付けるべきスキルの概要を見ていきます。

　また、次章以降で研修を考えていくうえでの指針として、5つの「学習の法則」を紹介します。

　「参加者主体の研修」を考えるうえで基礎となる部分です。今後、研修デザインや運営を考える際に何度も読み返してください。

本項の Key word

「参加者主体の研修」
「インストラクショナルデザイン」
「参画」
「知の継承」
「学習の法則」

Trainer / Instructor Handbook　031

参加者主体の研修

参加者主体の研修とは

　研修という限られた時間の中で、参加者がビジネス上の目的を達成するために必要な知識やスキルを学べるように、さらに、それを効果的かつ効率的に学べるようにするのが講師（あるいは研修を作成する人）の役割です。

　その役割を果たすひとつの手段として、本書でこれから紹介していくのは、**参加者主体の研修スタイル**です。**参加者が学びを深め、学んだことを実際に活用し成果を出すために、「伝える」という視点ではなく、参加者が「学び、実践する」ことに主軸をおいた研修手法**です。

　参加者主体の研修では、講師は単なる情報提供者ではなく、学ぶ側のニーズに合わせて伝える情報を選び、参加者が主体的になるように研修をデザインし、運営していく存在です。

　詳しくは次章以降で見ていくことになりますが、参加者主体の研修を行ううえで、講師は次のようなスキルが求められます。

〈参加者主体の研修を行うために必要な主なスキル〉

インストラクショナルデザイン →2、3章	・何を習得してどう活用してどんな成果を出してほしいかという視点での明確な目的設定を行い、その目的と相手に合わせた研修を設計する ・人がどのように学ぶかを考慮したうえで適切な手法を使い、学んだことが長期記憶に留まるように研修をデザインする ・研修の前後を含めたプロセスとしてデザインし、実践につなげる
デリバリー →4、5章	・物理的にも快適に学べる環境をつくる ・講師としてわかりやすい話し方、基本動作ができる
ファシリテーション →5、6章	・安心して学べる環境をつくり出す ・参加者対講師だけではなく、参加者同士の対話を促す ・全員を巻き込み、主体性を引き出す

研修の質向上が、知の継承につながる

　社内の英知を継承したいと考えている組織は多いことでしょう。
　特に、上の世代の引退が進む中で、社内に存在するノウハウ、スキル、経験をうまく継承し、組織力を高めることができるかどうかは、組織の競争力に直結する課題と言えます。
　本書で紹介する「教えるためのノウハウ」の活用が、組織のビジネスにおける成否につながります。つまり、**研修が効果的なものになることで、参加者のビジネスの成果があがり、そして組織力を高めることにつながっていく**のです。
　講師・インストラクターは、その重要な役割を担っているのです。

参加者主体の研修の基盤となる「学習の法則」

　本書で紹介する「参加者主体」の研修手法は、心理学や脳科学などを基盤にしていますが、その基本的な考え方は以下の5つに集約されます。

法則1　学習者は大きな身体をした赤ちゃんである

　子どもは様々な体験を通して学んでいきますが、大きくなるにつれ、また大人になるとさらに、そうした体験から学ぶ機会は減り、人の話を黙って聞くことで学ぶように求められてしまいます。

　ですが、大人も体験や経験から学ぶことは多いのです。大人であればなおさら、これまでの経験や豊富な知識を持ち合わせていますので、その**経験や知識を最大限に活用して新たな学びを積み上げる**のが良いのです。

　研修では、参加者が何も知らないことを前提に講義を始めるのではなく、既存の知識を活用して取り組める課題から始めてみましょう。そして解決できなかったことについて、講師が補足説明するという流れにするのです。そうすることで、「すでに知っていることを延々と聞かされる」苦痛はなくなります。

　あるいは、理論の説明の前に、実際に体験してもらう流れにはできませんか？

　たとえば、プレゼンテーションスキルの研修であれば、最初に、参加者に用意してきてもらったプレゼンテーションをやってもらうのです。そこで、強みや改善点を自己認識してもらうのです。自己認識をベースとして研修を受けることで、課題意識をもって真剣に取り組む意欲が高まることが期待できます。

法則2　人は自分が口にしたことは受け入れやすい

　人から言われたことよりも、自分の考えを言葉にして発したほうが「自分事」として捉えることができます。これはコーチングとも大きく共通する考え方です。

　研修で講師があれこれ言うことより、参加者自身が考え、自分で発する言葉のほうが、「自分事」となり、研修後の行動に結び付きやすいのです。

　たとえば、「今までに出会った最高のリーダー」について、参加者同士で最初に共有してもらいます。そこで挙がってきた「最高のリーダー」の要因を研修参加者全体で共有するのです。

　そこで語られることは、講師が用意している「リーダーとはこうあるべき」という内容と、大きく重なるでしょう。参加者の発言を肯定しつつ、講師側が用意していた内容を補っていくのです。

　参加者の言葉を最初に引き出すことなく「べき論」を押し付けると、「現実はそんなに甘くない」などの言い訳や反論が出やすくなります。

　一方、最初に自分自身が部下として感じた良いリーダーとは何かを発言している場合、講師が語るリーダー論がはるかに受け入れやすくなるのです。

法則3　習得はいかに楽しく学ぶかに比例している

　研修講師はエンターテイナーではありません。笑いをとろうと努力する必要はありませんし、盛り上がることがベストだというわけでもありません。

　しかし、笑いは脳に好影響を与えますし、楽しいという感情を伴うことで長期記憶に定着しやすくなります。逆に、過度なストレス状態にあると脳の学習能力が低下します。

　研修では、ちょっとしたゲーム感覚やユーモアをうまく取り入れ、自然な笑いが起きると理想的です。また、知的好奇心が刺激されているという意味での楽しさから生まれるエネルギーもうまく活用したいものです。

研修の効果を高める

Trainer / Instructor Handbook　035

法則4　行動が変わるまで学習したとは言えない

　研修のゴールは「知る」ことではなく、**「知ったこと・習得したことを職場で実践すること」**です。さらには、**実践した結果、ビジネス上の成果を生み出すことが最終的な目標**です。

　ですから、研修では、何かを頭で理解したところで終了するのではなく、練習を重ね、成功体験を積み重ねて自信をつけてもらい、職場に戻って早く実践したいというモチベーションを高めた状態にまでもっていく必要があります。

　「参加者は大人なのだから実践するかどうかは、本人次第」という発言を耳にすることがあります。もっともらしく聞こえますが、講師の役割は「知識を伝えること」だけではないはずです。

　習得を支援し、参加者が職場に戻ってから実践しようとする感情的な変化を生み出すことも講師の役割です。

法則5　くわっ、くわっ、くわっ

　鳥の親子にまつわる中国の諺からヒントを得た法則です。

　まとめると、「ママがパパに何かを教え、パパができるようになったところで終わりではない。パパがさらに子どもにそれを教え、子どもができるようになった時点で、はじめてパパは本当に習得したと言える」という内容です。つまり、**自分が習得したことを、他の人に教えられるレベルになってはじめて本当に習得したと言える**のです。

　うわべだけの理解ではそのレベルには到底到達しませんので、いったん自分の中で咀嚼し、腹落ちさせ、さらには練習・実践して自信をつけてはじめて他の人に教えられるレベルに行けるでしょう。

　研修ではそこまでを見据えてデザインをしていきます。

1-3

研修の効果を高める

研修参加者を理解する

　さて、次章からはいよいよ「参加者主体の研修」のデザインを考えていくことになりますが、その前に理解しておきたいことがあります。それは、「研修参加者はどういう人なのか」という点です。これは、参加者主体の研修を考えるうえで、非常に重要な視点となります。

　本項では特に、研修へのスタンスと学習スタイルの違いについてとりあげます。学習スタイルは、参加者1人ひとり異なることはもちろん、講師自身も自分のスタイルをもっています。そうしたスタイルの違いを理解することが、学習効果の高い研修の実現には欠かせません。

本項の Key word

「参加者のスタンス」
「学習スタイル」
「具体的タイプ・大枠タイプ」
「情報タイプ・実践タイプ」
「参画タイプ・考察タイプ」
「参加者の知識や経験」

Trainer / Instructor Handbook　037

研修参加者のスタンスを考える

研修参加者のスタンス

　参加者主体の研修を行ううえで、「参加者とはどのような人か」という視点は欠かせないものです。ここでは、研修に参加する人に目を向けて考えていきます。

　研修に参加する時の参加者は、大きく以下の3つに分類できます。

◎**研修参加者のスタンス**
①研修を楽しみにしている参加者
②必要性や意義は理解しているが、忙しい中、時間をとられるので、かける時間に対して得られるものが意義あるものかは気になっている参加者（研修は楽しくない時間、どちらかというと苦痛だと感じている人も含む）
③どちらかというと否定的で参加しなくていいなら、参加したくない参加者

---

　①の参加者が多いと最初から雰囲気が良く、講師にとってやりやすい研修かもしれませんが、③の参加者が多いと、その日の研修運営はとても難しいものになりますし、かなりのエネルギーを消費することになるでしょう。

　研修において、①と③はゼロではないでしょうが多数を占めることも稀で、実際には②が最も多いというのが一般的でしょう。

　つまり、参加者自身、研修を否定しているわけではないけれども、自分にとってのメリットが何かがはっきり見えないと納得できません。発言や参画することに対して、最初から積極的なわけでもありません。

しかし、メリットが感じられたり、「嫌じゃない」と理解できたりすると積極的にかかわろうとする可能性が高まります。
　研修に参加した人の話を聞くと、次のような発言がありました。

- 「研修内容についていけるか不安だった」
- 「他の参加者とうまくやっていけるか心配だった」
- 「グループディスカッションの後の発表などはできれば避けたい」
- 「ロールプレイは嫌い」
- 「早く終わってほしい」

　参加者も研修前は緊張しているということを忘れてはいけません。
　参加者の緊張をほぐし、研修が嫌な体験ではないことを実感してもらってはじめて、リラックスした環境の中で良い学びが提供できるのです。次章以降では、そうした環境をつくり出すためのノウハウや手法を紹介しています。

学習スタイルの違いを考慮する

学習スタイルとは

　食べ物をひとつとっても、１人ひとりに様々な好き嫌いがありますが、学び方にも好み（**学習スタイル**）があります。あくまでも好みであり、「良い・悪い」ということではありません。

　ただし、学びを促す存在である講師・インストラクターとしては、様々な学習スタイルを理解し、それぞれの参加者のスタイルを尊重した研修運営が大切なのです。

　以下では、Personal Learning Insights Profileという学習スタイルの分類方法を紹介します。

　特に３つの観点からスタイルを分類します。

学習スタイルの分類①　情報の構築

　まずは情報の構築についてです。

　何か新しいことを学ぶ際に、その情報がどのように構築されているのが好きかという点に関して、「**具体的タイプ**」と「**大枠タイプ**」があります。

具体的タイプ	・情報が系統だって構成されているほうが受け取りやすい ・ロジックツリーのように整理分類されていて、どういう順序でどう進んでいくかが見える形になっているほうが安心して学べる
大枠タイプ	・ざっくりと全体像をつかんで、自分の必要な情報を好きなようにアレンジするのを好む ・細かく順序立てて指示されると窮屈に感じる

学習スタイルの分類② 何を学ぶか

　何を学ぶかという点について、「**情報タイプ**」と「**実践タイプ**」の２つに分類できます。

情報タイプ	・新しい情報を得ること自体が楽しいと感じる ・自分が知らないことを知る、ということに楽しみがある
実践タイプ	・自分に役立つこと、すぐに活用できることを学びたい気持ちが強い

学習スタイルの分類③ 学習プロセスの好み

　学習のプロセスに関しては、「**参画タイプ**」と「**考察タイプ**」があります。

参画タイプ	・人とのかかわりの中で学ぶことを好む ・対話の中で頭の整理ができたり、アイデアが浮かんだり、腑に落ちたりすることが多い
考察タイプ	・受け取った情報をいったん自分１人で考える時間を必要とする ・ディスカッションなどを行う前に、まずは静かに自分の中で整理をする時間を要する

「学習スタイル」の違いを受け入れた研修をつくる

　これら３つについての好みの違いは、もちろん講師にもあります。**無意識のうちに、自分が好きなスタイルでの教え方に偏っている可能性があるので、注意が必要**です。

　たとえば、「情報タイプ」の人は、新しい情報を学ぶのが純粋に楽しいと感じるので、研修の内容にまつわるエピソードや裏話などにも興味をもちます。講師が「情報タイプ」の場合、無意識のうちに関連するエピソードが多くなりがちですが、実践的なことを効率よく学びたい「実践タイ

Trainer / Instructor Handbook　041

プ」の参加者には、「脱線が多い」と見えてしまう可能性が高いのです。

　また、研修中、何か説明した直後にディスカッションを行う場合、「考察タイプ」の人は考える時間を必要とするため、すぐに発言しない傾向があります。その間に、「参画タイプ」の人がどんどん発言して話が進んでいく様子が多く見られますが、これが続くと、「考察タイプ」の参加者は「発言が少ない＝積極的ではない」という印象をもたれてしまったり、参加者自身がストレスを感じてしまう可能性もあります。

　また、「参画タイプ」の参加者にとっては、講師の一方的な講義を聞き続けることはストレスですし、知識の整理ができず、思考を発展させることができないかもしれません。

　このように、学び方についての好みは人それぞれです。どちらかに偏りすぎないよう、バランスが必要なのです。講師はこうした知識をもったうえで、すべての参加者が効果的に学べるよう、インストラクショナルデザインを作成し、研修を運営することが求められています。

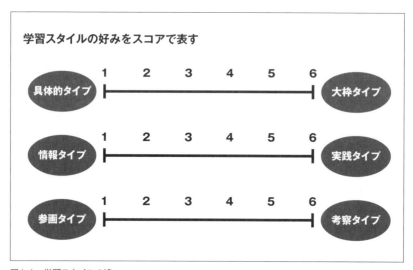

図1-1　学習スタイルの違い

講師は自分自身がそれぞれどちら寄りなのか、まず自分の学習スタイルを把握しましょう（図1-1）。そのうえで、研修時、無意識にそのスタイルに寄った教え方に偏っていないかを検証してみましょう。

参加者の知識・経験

参加者の知識・経験を分析する

　研修をデザインしていくうえで、もうひとつ見逃せないのが、参加者がすでにもっている知識や経験です。

　34ページの法則1でも紹介したように、**「参加者は大人」**です。**これまでに様々なことを学んだり、経験してきたりしています。**それを活かした研修デザインにするほうが、効果的かつ効率的なのですが、実際には「何も知らないことを前提」としてデザインされた研修が、非常に多く見受けられます。

　そこで、研修を考える際は、事前に以下の観点で分析を行いましょう。

◎**参加者を分析する**
- **すでにどんな知識をもっているか**
- **すでにどんなスキルをもっているか**
- **この研修テーマ、トピックについてどんな感情をもっているか**

　そのうえで、**知っていることについての講義は省き、もっている知識やスキルを肯定し、積み上げ、前向き・意欲的になってもらうための工夫を考えていきます。**

　こうした研修デザインの具体的な手法については、第3章で詳しく解説します。

Trainer / Instructor Handbook　043

第2章

なぜ研修が必要なのか?
～ 研修作成の準備 ～

Trainer / Instructor Handbook

2-1

研修の必要性を分析する

　この章では、研修をデザインし実施していく前の準備について考えます。

　どんな仕事でも準備が大切なように、研修も準備なくしては成立しません。いきなりデザインに着手するのではなく、事前の分析や計画がとても大切なのです。

　具体的には、研修の必要性の検証、目的の設定、教える内容の整理、効果的・効率的に学んでもらうための方法の検討、研修終了後を見据えた企画の仕方を考えていきます。

　はじめに考えるのは、「研修の必要性」です。学習効果を最大限に高めるためにも、研修を行うべき意義を把握したうえで、研修をデザインしていきます。

本項の Key word

「パフォーマンスの立方体」
「ニーズ、組織のレベル、戦略・対策」
「研修の必要性」

研修がいつでも「答え」になるとは限らない

現場の問題意識はそのまま研修に活かせるのか

「うちの部署では毎年新入社員を受け入れていて、今年も2名配属されている。ただ、ここ数年の傾向として、仕事で成果を出したい気持ちや、やる気はあるようだが、先輩や上司にうまく相談することができず、自分で抱え込んでしまう人が多いのではないか。その結果、思うような成果が出せず落ち込んでいるようだ。あるいは、相談された時には手遅れで、もっと早く相談してくれていたら打つ手があったのに、と思うことも多い。来年からの新入社員研修では、『報・連・相』というビジネスの基本をより強調したほうがいいのではないか」

　研修を担当しているあなたの元に、現場のマネジャーからこんな相談があったとしましょう。あなたなら、この意見をどのように活かそうとするでしょうか。

「現場からの貴重な意見なのだから、早速、来年度の新入社員研修にそのアイデアを反映させよう」
　もし、そう考えるのであれば、注意が必要です。これはあるひとつの事例ですが、研修担当者の普段の仕事の中で、頻繁に目にする光景でしょう。
　もちろん、現場で起きている課題を把握することは重要なことです。しかし、その解決法として、すぐに研修を考えるのは性急すぎます。
　必要な対策は研修なのかどうかを、改めて考える必要があるのです。

本当に研修が必要なのか

　先ほどの「報・連・相」の事例——「先輩や上司にうまく相談すること

Trainer / Instructor Handbook　047

ができない」という課題——の解決策（答え）としてどういったことが考えられるでしょうか。

適切な解決策を考えるためには、課題を深堀りしていく必要があります。

　たとえば、思い切って相談したとしても、「そんなことは自分で考えてほしい」といった冷たい対応をされたことがあり、もう相談できないと思っている可能性も考えられます。「簡単に先輩や上司に頼るのではなく自分で何とかしなければいけない」という強い責任感からきている行動かもしれません。

　こうした場合は、研修よりも、上司との面談を通して、コミュニケーションをとり、意識のギャップを埋めていく必要があるでしょう。

　上司の側に問題がある可能性も考えられます。

　もしかすると、新入社員は上司に相談したいと思っていても、上司の側が、相談を受け付けない雰囲気を発しながら仕事をしているかもしれません。この場合、上司に対して部下との対人関係スキル向上をはかる必要があるでしょう。

　あるいは、上司も相談に乗りたいという意思はあっても、ミーティングや出張が多すぎて、物理的に自分の時間を部下のために割けないジレンマと戦っているかもしれません。こうした時は、研修や意識改革が適切な解決策とは限りません。上司が忙しすぎることが問題の本質であれば、社内のミーティングのしくみや意思決定のあり方を変えることが、上司のタイムマネジメントの改善につながる可能性もあるでしょう。

　さらに、上司に対する評価について、部下育成のウェイトが低いために、優先順位が低くなっているケースも考えられます。そうした部下育成を軽視している上司に対しては、人事制度を見直し、部下育成の重要性を高めることが効果を発揮する可能性もあるでしょう。

　こうして掘り下げていくと、事例のような課題を抱えた職場にとって、新入社員への「報・連・相」研修を行えば、すぐにうまくいくとは限らな

いことがわかっていきます。研修だけでは、根本的な解決は難しいと言えるでしょう。

つまり、**いつでも、どんな時でも研修が答えであるとは限らない**のです。

研修の必要性を分析する

分析のためのフレームワーク

このように、課題に対して研修で解決できるかどうかの分析を行うためのフレームワークを紹介します。

以下の図2-1の3つの側面（①ニーズを決定する：What、②組織のレベルを決定する：Who、③改善のための戦略・対策を決定する：How）について、それぞ

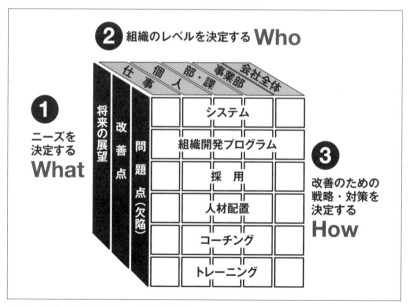

図2-1　ボブ・パイクのパフォーマンスの立方体

れ分析を行います。

①ニーズを決定する

まずは、今抱えている課題の性質を分析します。

目の前にある課題は、次の3つ（問題点、改善点、将来の展望）のうちどれに分類できるでしょうか？

種類	内容
問題点（欠陥）	・今、抱えている課題は、今すぐ手を付けなければいけない、いわば火がついているような状態か？ ・あるいは、欠陥が多くて即対応が求められているようなレベルの問題か？
改善点	・「問題点」ほど切羽詰まったものではないにしても、物事には改善の余地がある 　（例：顧客満足度調査において、ほぼ「合格点」レベルには達していても、全項目100点ではないような場合、課題を特定して改善のための取り組みを行うケース） ・今、目の前にあるのは、そうした改善（85点の状態から90点を目指すなど）が必要な課題か？
将来の展望	・競合の動きやマーケットの変化、法律や規制の変更がある場合、問題が起きる前に、パフォーマンスの低下を防ぐために備えたり、新たなチャンスをつかむために準備をしたりするといった対応が考えられる ・今、目の前にある課題は、このように現時点ではすぐに解決しなければいけないものではないものの、将来を見据えて先手を打ちたいという性質のものか？

②組織のレベルを決定する

課題の性質の分析が終わったら、次に考えるのが第二の面「組織のレベルを決定する」という点です。**今、組織が抱える課題に対する解決策を実施するにあたり、どの程度の規模で巻き込む必要があるか**を検討します。

図2-1の上部を見てください。

一番右の「会社全体」が最も大きな単位で、左にいくに従って小さくなります。

「個人」の左に「仕事」とあるのは、個人が担う役割が複数であることがめずらしくないためです。たとえばセールスマネジャーが、プレイヤーとして担当をもちながら、マネジャーとして部下育成を行う責任もある場合、営業担当としての課題なのか、部下をもつマネジャーとしての課題なのかを分けて分析する必要があります。

たとえば、顧客からのクレームが課題だったため、原因を究明し、クレームが再発しないよう研修を行うことになったとします。この場合、「個人」を対象にした研修を行おうと考えるのが通常です。クレームを受けている人が特定できているのだとしたら、全社的に研修を行う必要はないからです。

ここで、「これは良い研修だから全員参加」などと、「部・課」や「事業部」「会社全体」までを対象にするような誤った判断をしないように留意すべきです。

第1の側面（ニーズ）、第2の側面（組織のレベル）をあわせて分析してみましょう。

現在、ある企業で、「最近、新入社員の退職者が増えている」という課題を抱えているとします。「これは、今すぐ対応が必要だ」と判断するのであれば、**「ニーズ」**は**「問題」**と分析できます。

「なぜ、新入社員が退職してしまうのか」という本質的な原因を究明したうえで解決に向けての策を講じる必要があります。十分に検討せずに、新入社員に対して「キャリアプランニングの研修をしよう」とするのは、短絡的な発想でしょう。

たとえば、受け入れ側の先輩や上司の対応が原因であった場合、巻き込むべき対象、つまり**「組織レベル」**は**「部・課」**となります。あるいは、もっと広く組織文化に働きかけないと根本的な解決にならないような場合、会社全体での対策が必要となるため、**「組織レベル」**は**「会社全体」**

となります。

　このように、研修を行うべきかどうかを考える前に、抱えている課題の種類（ニーズ）と巻き込むべき対象（組織のレベル）を整理します。

③改善のための戦略・対策を決定する

　続いて、改善のための戦略・対策を決定していきます。

　改善のための戦略・対策の方法として、研修を含めた6つの選択肢のうち、どれが最も適切かを検討します。

　6つ（①システム、②組織開発プログラム、③採用、④人材配置、⑤コーチング、⑥トレーニング（研修））の特徴を次の表にまとめます。

　基本的には、**これら①〜⑤のいずれかだけで解決できない場合に「⑥研修」**という選択肢を選びます。

選択肢	概要
①システム	設備やしくみの問題を「人の問題」にすり替えて解決しようとするケースが見られるが、ハード面、設備面、インフラ、業務プロセスなどに問題がないかを検討する （例） カスタマーサービス部門にかかってくる電話の件数に対して、電話回線が圧倒的に不足しているために、「電話がつながらない」とクレームになっているような場合 →クレーム対応スキルの向上よりも回線を増やすというシステム面の改善を検討すべき
②組織開発プログラム	個人の知識やスキルの問題に目を向けるべきか？　それとも、組織全体への働きかけが必要か？　後者の場合、規則や制度の見直しや組織開発的な取り組みが必要となる （例） マネジャーに部下育成にもっと注力してほしいと言いながら、マネジャーに対する人事評価は業績目標の達成度合いだけで、部下育成についての指標がない場合 →戦略の浸透や戦略実現のためのリソースの確保、人事制度や評価制度などの見直しが必要

選択肢	概要
③採用	自社に合った人材、そのポジションに必要な人材を採用するためのプロセス、採用基準、採用担当者のスキルに問題はないかを検討する （例） とにかく人が足りないからポジションを埋めることを優先し、採用した後で研修で何とかしようと考えている場合 →採用戦略の再検討、採用前に必要とする知識・スキル・適性と採用後に育成する知識・スキルを明確に定義することが必要
④人材配置	適材適所の人材配置ができているか？　適性に合った仕事に就いていない人がいると、本人にとっても組織にとっても大きな負担となる （例） 人とかかわるのが苦手、コミュニケーションはあまり得意ではないという人に、５日間の集中研修で接客スキルを学んでもらい、対面販売業務に就いてもらうような場合 →適性に合った配置を検討すべき
⑤コーチング	上司からのコーチングが必要な場面なのに、研修で解決しようとしていないかを検討する （例） 提出物や担当業務の期限を守れないスタッフがいる場合 →「タイムマネジメント」の研修に参加させる前に、上司からその部下への直接のコーチングが必要
⑥トレーニング（研修）	研修以外の５つの選択肢を検証した結果、これら５つだけでは解決にならず、やはり研修が必要だと判断した場合に、解決策として研修を企画する

最適な解決策を見極める3つの指標

3つの指標で最適な解決策を見極める

　上記のフレームワークを使って、研修が解決策なのか、他の解決策が必要なのかを見極めていきます。

　判断にあたって次の３つの指標に基づいて考えていきます。

Trainer / Instructor Handbook　053

◎**研修の必要性を考える3つの指標**

指標①　知識とスキルが備われば解決するのか？

　知識やスキルの不足を補えば、課題となっているパフォーマンスが向上するのであれば、それを補う研修を行うことに意義がある

指標②　行う意思はあるか？

　今抱えている課題について、本人が解決したいと考えていない場合、研修に参加してもらうことにあまり効果はない

（例）

　そもそも部下育成に興味がなく、自分がプレイヤーとして業績を伸ばしたいと思っているマネジャーは、コーチングスキルを研修で学んでもらうことに加え、さらに上位職からのコーチングや評価制度の見直しなど組織開発的なアプローチ、採用や人材配置の見直しなど、他の施策も並行して行う必要がある

指標③　権限があるか？

　研修で学んだことを職場で実践する権限があるか

（例）

　研修を通して身に付けた新しい知識やスキルを否定する上司がいるなど、研修の内容と組織の戦略に矛盾が生じている場合、研修を考える前に、組織開発的なアプローチが必要な可能性がある

研修の必要性と講師の役割

　こうした分析は、医師が患者を診断することと似ているかもしれません。

　患者が医師に、「自分はインフルエンザにかかったと思うからインフルエンザの薬がほしい」と言ったとしても、「そうですか。ではインフルエンザの薬を処方します」と、すぐにインフルエンザの治療薬を処方する医師はいないでしょう。

　まずは、症状を聞き、診察し、検査などしかるべき方法を使って診断をします。診断の結果が患者が言ったことと同じ場合もあるかもしれません

が、異なる場合もあるため、医師というプロフェッショナルの立場で分析を行ったうえで、必要な処置を行っています。

　人材開発の担当者や講師も同じことが求められているのではないでしょうか。
「○○研修を行ってください」と言われて、「はいわかりました」と言われた通りに実施するのでは、医師が診断もせずにインフルエンザの治療薬を処方するようなものです。

　では、人材開発担当者や講師はどう対応すべきなのでしょうか。
　まず、その研修が必要だと思うに至ったビジネス上の課題を聞き、その原因分析を行います。そのうえで、ここで述べてきたフレームワークを使って、組織や人材開発の視点から解決策として何が必要かの判断をすることが大切なのです。
　研修が最適な答えではないと知りつつ、研修を提供してしまうのは罪だと心得るべきでしょう。

研修が有効な解決策ではない時の対処法

研修がいつも有効な解決策とは限らない

　フレームワークに基づき分析した結果、人事制度や採用基準、あるいは配置などへ働きかけが必要だとわかったとしましょう。もし、それが自分の責任範囲ではない場合、どうすれば良いのでしょうか。

　先に結論を述べると、**自分の責任範囲を超えた行動を起こすか、起こさないか**の二択となります。
　行動を起こす場合は、担当者や担当部署などに話を持ちかけることにな

るでしょう。行動を起こさない場合は、自分の仕事は依頼された研修ニーズに応えることになるので、自分自身の責任範囲である研修によって精一杯の成果が出せるように努力するということでしょう。

後者の選択も現実にはあり得ることですが、その選択の結果は、自分に跳ね返ってくるという覚悟が必要です。

つまり、研修だけでは課題に対する根本的な解決は難しいという状況の中で研修を行うということは、研修自体はすばらしいものになったとしても、最終的には「研修を実施しても意味がなかった」と評価されるリスクがあるのです。それは、研修担当者の評価が下がることにもなります。

また、研修が本質的な解決にならないのにもかかわらず、「研修の効果が出ないことが課題である」と、論点がすり替えられてしまう可能性もあります。それでは、本質的な解決から遠ざかってしまうことになるのです。

こうしたリスクまで見据えたうえで行動を起こさないのか、あるいは、自分の責任範囲を超えた働きかけることによって起きるであろう波風を予測したうえで行動を起こすのかを選択する必要があるのです。

現実的な対応は「組み合わせ」

現実的には、課題の解決に対して複数の施策が必要であることが多いでしょう。

「研修」と同時に、上司から部下への「コーチング」を強化する、「組織開発的なアプローチ」をとりつつ「人員配置」としてリソースを重要戦略に集中させながら「研修」も行うなど、「研修」と他の施策を組み合わせることが一般的に行われていることです。

中には、研修以外の施策については、責任範囲外なので口出しをすることは難しいというケースもあるかもしれません。たとえば、人事評価のしくみや基準を変更したほうがいい、あるいは、採用基準を見直すべきだと思っても、担当者でなければ変更の決定はできないでしょう。

担当範囲外のことに影響力を発揮するのは難しいかもしれませんが、何

らかの方法で提案することを考えてみてください。

　あるいは、研修前後に、研修企画の一部としてステークホルダーを巻き込んだ活動を組み込むことはできるかもしれません。たとえば、新入社員に研修を行う際に、研修前後に上司を巻き込んで上司のコーチングスキル向上を図るといった方法です。

　人材開発担当者や講師は、単なる「研修提供者」という立場ではなく、人材開発や組織開発を通して、経営者のビジネスパートナーとなるために、ステークホルダーに対して適切な働きかけが必要なのです。

　以降では、そうした組み合わせ施策で解決を図る場合を含め、何かしらの研修が必要であると結論を出した際、その研修をどう企画していくか、その具体的なプロセスを見ていきます。

2-2

研修の目的を分析する

　どのような仕事であっても目的を明確にすることは大切であるように、研修も同様です。

　ビジネス上の課題を分析した結果、やはり何らかの研修が必要だと判断した場合、研修を行うことになりますが、そこで最初に明確にしたいのが研修の「目的」です。

　この項では、目的を明確化することのメリットや具体的にどのように設定していくと良いかの手順を見ていきましょう。

本項の Key word

「研修の目的」
「行動変容」
「研修はイベントではなくプロセス」

「伝える」「学ぶ」は研修の目的ではない

漠然とした目的を掲げるリスク

「自社製品・サービスをもっと知る」ための研修を行おうとしている場合を例に考えます。

「多様な事業部があり、自分が直接かかわる製品やサービスについてはよく理解しているけれども、他部門のものについてはあまり知らない。でも、同じ会社のメンバーとしてはやはり知っておいたほうが良い」という意図で研修が企画され、自社の製品やサービスについて広く浅く知ってもらい、客先や外部の関係者と話す時に最低限知っておくと恥ずかしくないレベルを想定しています。

ここで、「自社製品・サービスをもっと知ろう」を研修の目的として掲げるのは適切でしょうか。

先に結論を言うと、2つの問題点が考えられます。

・問題点①　レベルがはっきりしない

「自社製品・サービスをもっと知ろう」という目的を掲げると、より高いレベルの知識を期待する人も研修に参加するかもしれません（たとえば、「自社の製品・サービスの競争優位性が説明できるようになりたい」「今後の自社ビジネスの展望を知りたい」など）。

そのような高度な知識を求めてきた参加者は、用意している内容では満足しないでしょうし、講師にとっては対応が難しい参加者になる可能性が高まります。

・問題点②　漠然としていて重要性が伝わりづらい

「自社製品・サービスをもっと知ろう」という目的は、あまりに漠然とし

Trainer / Instructor Handbook　059

ているため、重要性を感じにくいでしょう。それでは、研修に申し込もうという興味、意欲につながらない可能性もあります。

研修の「目的」はできるだけ明確に設定する

・「財務諸表の見方を学ぶ」
・「クレーム対応について」
・「自社製品・サービスをもっと知ろう」

これらはよく見かける研修のテーマですが、これらも研修の目的としては漠然としすぎています。
　研修の目的は、もっと具体的に、その研修が終わった時に何ができるようになるかを明確に設定する必要があります。

「研修はイベントではなくプロセス」です。
　単に「〇〇を学ぶ」「〇〇を知る」だけでは、参加者が研修後どのように変化しているのかイメージすることができないでしょう。
　「テーマ」は、研修を行う側の視点でどういうことを学んでほしいかという思いから選ばれていますが、「目的」は、**参加者にとって自分自身がどう変わるかが見える**ものでなければなりません。研修で「何を習得できるか」だけに視点を置くのではなく、**研修終了後に参加者の「行動がどう変わるか」が明確に伝わる目的を設定する**必要があるのです。

研修に明確な目的を設定する2つのメリット

メリット①　参加者に意図が伝わりやすくなる

　研修のテーマとは別に、目的を具体的に設定し、あらかじめ参加者に伝えておくことで、参加者にとっては**研修で何が得られるのかがわかりやすくなります**。事前に目的を意識しておくことで、研修に参加する姿勢に好影響が期待できます。

　また、企画側の立場になれば、**明確な目的を掲げることで、企画段階で意図していた人に参加してもらえる確率が高まる**というのも大きなメリットです。

メリット②　研修コンテンツを検討する際の判断基準になる

　明確で具体的な目的を設定しておくことで、コンテンツに一貫性が生まれるというのも大きなメリットです。

　たとえば、「自社製品・サービスをもっと知ろう」という漠然としたテーマでは、どのようなコンテンツを提供すればいいのか、判断に迷いが生じます。「あれも知っておいたほうがいいかもしれない。これも知っておくと良いのではないか……」と、気がつくと、ポイントが絞りきれなくなってしまう可能性があります。

　一方、「家族や友人に、『〇〇って何？』と聞かれたら、素人にもわかりやすく端的に説明できるようになる」という研修の目的を設定した場合はどうでしょうか。家族や友人が「そうなんだ」と言ってくれるだけの情報量が何かを考え、絞り込むことができます。

　つまり、具体的な目的は、研修のコンテンツを考えるうえで重要な判断基準となるのです。

Trainer / Instructor Handbook　**061**

研修目的の設定方法

研修の目的として避けたい表現

では、目的はどのように設定すればいいのでしょうか。ここでは特に表現方法に注意します。まず、代表的なNG例を紹介しましょう。

◎避けたい表現1：知識の習得（知る、理解する、学ぶ）
× 「〜を知る」
× 「〜を理解する」
× 「〜について学ぶ」

→研修はイベントではなくプロセスです。研修における知識の習得自体が目的ではありません。知識を習得することで何をしてほしいかまで見据えた目的の設定が必要です。

◎避けたい表現2：講師目線の目的
× 「〜を伝える」
× 「〜を紹介する」

→研修後のことが視野に入っていません。さらに問題なのは、「講師目線」の目的となっていることです。講師が研修で何を伝えるかは大切なことではありません。参加者が主役であるべきです。

適切な目的の設定方法

では、目的はどのように表現すればいいでしょうか。
基本的には、具体的な動詞を使って表現してくことになりますが、研修のタイプ別に「①スキルを習得する場合」「②知識を習得する場合」「③その他の場合」に分けて考えていきます。

①スキルを習得するための研修の場合
○ 「〜できるようになる」

→研修で習得したスキルを職場で活用してもらうことが目的であれば、何ができるようになるのかシンプルに表現するのが適切です。

②知識を習得するための研修の場合
○ 「説明できるようになる」
○ 「特定できるようになる」
○ 「判断できるようになる」
○ 「選ぶことができるようになる」

→その知識を使って何をしてほしいのかが具体的に伝わる表現にします。

③その他の場合：スキル習得でも知識習得でもない場合

- ○ 「〜を体験する」
- ○ 「〜について討議する」
- ○ 「〜を検討する」
- ○ 「今後の〜に向けて、アクションプランを作成する」

→スキル習得、知識習得ではない研修の場合（例：「良いチームワークとは何かを研修中に体験し、そこから自分たちのチームワークを向上させるために何をするかを考えてもらいたい」など）、研修中に答えは出ないかもしれないけれども、研修後の継続的な検討やアクションプランを立てて実践していくことが重要です。上記のような表現であれば、そのような意味合いを表現できるでしょう。

目的とともに予備知識を明示する

　参加者の考える研修内容と企画側の意図とのギャップを小さくするということを考えれば、**研修目的とともに、研修に参加するにあたって必要となる予備知識や習得していることを前提とするスキルなどがあれば、それらも合わせて明示する**必要があります。それによって、「基本的なことが学べると思っていたら上級者向けでついていけなかった」、逆に、「参加してみたら、すでに知っている基本的な知識や基本スキルの習得がメインで新しい内容がなかった」といったことを未然に防ぎ、参加者は自分に合った研修かどうかを判断しやすくなるでしょう。

2-3

教える内容を整理する

インストラクショナルデザイン（研修設計、授業設計）において最も大切なことは、目的を具体的に決めることでした。そして、次に大切なことのひとつが、「何を教えるのか」という分析です。

ここでは、K（Knowledge：知識）、S（Skill：スキル）、A（Attitude：態度・姿勢）というフレームワークを使って、教える内容を分析し、整理していきます。

本項の Key word

「インストラクショナルデザイン」
「KSA」
「K（知識）」
「S（スキル）」
「A（態度・姿勢）」

なぜ研修が必要なのか？

Trainer / Instructor Handbook　065

教える内容をKSAに分類する

KSAとは何か

　教える内容を分類、分析するフレームワークとして用いられるのが
KSAです。まずは、KSAの概要を理解します。
　KSAとは、「**Knowledge：知識**」「**Skill：スキル**」「**Attitude：態度・
姿勢**」のことですが、何かを学ぶうえでは、必ずこれら3つの要素が必要
となります。
　ここでは、車の運転に例に、K（Knowledge：知識）、S（Skill：スキル）、
A（Attitude：態度・姿勢）の内容を見ていきましょう。

K（Knowledge：知識）	S（Skill：スキル）	A（Attitude：態度・姿勢）
●車の基本構造 ●標識 ●交通ルール	●エンジンをかける ●前進する ●後進する ●停車する ●駐車する ●曲がる ●高速道路で走行する	●常に安全運転を心がける ●譲る気持ちをもつ ●危険を予測しながら運転 　する

　このように研修で何を教えるか、つまりコンテンツとして何を入れるか
を検討していきます。**目的を達成するために必要なK（知識）、S（スキル）、
A（態度・姿勢）は何かを拡散思考で列挙した後、目的達成に対しての必要
性で優先順位をつけて絞り込んでいくのです。**
　K（知識）は、車を運転する前に、予備知識として習得しておく必要が
あります。
　それに対して、S（スキル）は、実際に体を動かして「できる」ようにな
る必要があるものです。頭で理解するだけではなく、練習が欠かせません。

Aは、態度、姿勢、心がけなどが該当します。知識もスキルもあったとしても、これが欠けていると大変な事態を招きかねません。車の運転で言えば、知識として飲酒運転は禁止されているし、危険であることは知っていたとしても、「ちょっとくらいだから大丈夫」と法律を守ろうという姿勢が欠けていたために、大事故を引き起こしてしまうようなケースが考えられるでしょう。

A（態度・姿勢）を明文化することの大切さ

研修をデザインする際、K（知識）とS（スキル）を意識してコンテンツを決める方は多いはずです。

一方、A（態度・姿勢）についても、明文化しているでしょうか。

人は感情の動物だとよく言われますが、知識（K）とスキル（S）が備わっていても気持ちが伴っていないと職場での実践につながりません。そこで、このA（態度・姿勢）が重要になるのです。

マネジャー向けの研修を例に考えると、研修を通して上司としての部下との接し方や声のかけ方、コーチングのスキルを学び、知識もスキルも身に付けることができたというだけでは不十分です。そもそも、自分自身がプレイヤーであることが楽しくて、部下育成に対して興味がなかったり、重要性を認めていなかったりすれば、いくら知識・スキルを身に付けても部下と向き合う時間をつくろうとしないかもしれません。「部下を育成したい」「部下育成こそマネジメントの重要な仕事である」という姿勢がないと、知識やスキルを学んでも、実践につながる可能性は低くなってしまいます。それでは、研修自体の意味がなくなってしまいます。

研修の目的を設定し、コンテンツを検討してく際、K（知識）とS（スキル）は意識しているけれども、A（態度・姿勢）は考えたことがなかったという人も少なくありません。中には、参加者に「こんな気持ちになってほしいと願ってはいるけれども、あえて明文化したことはなかった」という人も

多いでしょう。

　講師や企画者が想いをもっていたとしても、願うだけでは参加者の感情は動きません。人の感情を動かすにはそれなりのインパクトが必要であり、研修の中に工夫して組み込む必要があります。

　目的を達成するために、どのような態度、姿勢、心がけ、気持ちをもってもらう必要があるのかを明確にし、研修デザインを工夫しましょう。

KSAのメリット

　KSAには主にふたつのメリットがあります。

・整理することで、研修をデザインすることができる
・何らかの現象に対して不足しているのはKSAのどれかを判断し、不足部分をトレーニング、コーチングすることができる

　特に、後者に関して、課題を解決するためのKSAが混同されるケースがあるので注意が必要です。

　新入社員研修を例に考えてみましょう。

　たとえば、配属先から「今年の新入社員は挨拶ができない」という声が聞こえてきました。これはKSAの何が不足しているのでしょうか。

　おそらく「社会人としての心構えがまだできてない」という、A不足と考えるのが最も一般的でしょう。

　しかし、本当にそうとは限りません。

　もしかすると、「顔見知りの人には当然挨拶をするけれども、そうでない人にはいきなり挨拶をしても失礼かもしれない」という認識があるのかもしれません。つまり、「この会社では、知っていても知らなくても、すれ違う人には全員挨拶をする」というルールを知らない可能性もあるのです。

　この場合、不足しているのはA（態度・姿勢）ではなく、K（知識）です。「それくらい常識だ」と思うかもしれませんが、「知らない人に話しかけられても、返事をしてはいけません」と幼少期から教育されてきた人にと

っては、「社会人になったらルールが変わる」と知識として学び直す必要があるのです。

　ビジネスの現場で起きている課題について、本来はKやSが不足しているのに、「モチベーションが足りない」「自覚がない」と、Aの問題にすり替えられてしまっていることが見受けられます。本当はKまたはSが不足しているのに、Aが足りないと判断したり、Aに改善の余地があるのにKやSを教えたりということでは、効果的な問題解決は望めません。

　研修の効果を最大化するためにも、KSAのどれが不足しているのかを認識し、適切な研修デザインを行う必要があるです。

KSAをデザインする

KSAをどのように教えていくか

　絞り込みができたら、次に、どのように教えるかをデザインしていきます。

　研修を具体的に組み立てる際に、まずは目的や教えるコンテンツとしてK（知識）とS（スキル）だけではなく、A（態度・姿勢）も明文化することが前提だというのは、すでに述べてきたことです。

　その重要性を理解したうえで、どのように教えるかをデザインしていきます。研修のデザインの具体的な手法については第3章で述べていきますが、ここではまず概要をつかんでおきましょう。

KSAの組み立て方

　まず、K（知識）を学ぶのに最も一般的な手法は講義ですが、一方的な講義の連続にならないよう工夫が必要です。知識をただ受け取るのではなく、クイズや質問の投げかけ、課題に取り組んでもらうなどして、**参加者自らが情報や答えを見つけるよう主体性を引き出す**工夫が必要です。

Trainer / Instructor Handbook　069

	避けたいこと	推奨
K（知識）	一方的な講義	クイズや課題への取り組みなどを通じて、すでにもっている知識や過去の経験を活用しながらの学習
S（スキル）	説明だけで練習の機会がないこと	細分化して練習し、徐々に難易度を高めていくことで、成功体験を積み上げる
A（態度・姿勢）	「〜しましょう」などと呼びかけるだけ	インパクトのある方法で人の感情に働きかける

　S（スキル）の習得には、練習が不可欠です。説明を聞いただけでは習得できませんので、**練習の場を設け、成功体験し、自信をもってもらうこと**が大切です。

　最後のA（態度・姿勢）は、最も工夫が必要な要素です。「常に安全運転を心がけましょう」と呼びかけただけで解決するほど簡単なことではありません。**どれだけインパクトを与えられるかが欠かせない**のです

　KSAそれぞれについて、参加者の現状と目指すレベル・状態との差を研修で埋めていくことになります。よって、計画段階で参加者の現状を把握することも重要です。それを怠ると、「知っていること」「できること」を研修で教えられるという状況を招いてしまいます。

　たとえば、次のような方法を使って、研修参加者のKSAの現状を調査します。

◎**参加者の KSA を把握する方法例**
- **事前課題**（例：どれくらいの予備知識があるかわかるような内容にしておく、最低限必要な予備知識を学べるような課題を設定する）
- **事前アンケート**（例：現状のスキルレベルについて自己分析を行う、現状の課題や問題意識がわかるような設問にする）
- **上司と面談のうえ、その内容を報告**（例：現状の課題や研修への期待・研修後の実践のイメージなどを上司と共有のうえ報告してもらう）

2-4

研修内容を定着させるには

　研修に参加すると、その時は、「これをやってみよう！」「これは使えそう！」と意欲が高まるのですが、職場に戻って気がつくと何も実践できないまま数日が経過していた――こんな経験をおもちの方は多いでしょう。

　せっかく行動変容を目的とした研修をデザインしていても、これでは意味がありません。

　そもそも、実践しようと思ってもそれが実現しないのはなぜなのでしょうか。その理由をひも解き、行動変容を促すためのポイントを見ていきましょう。

本項の Key word

「行動変容のメカニズム」
「リビジット」
「忘却曲線」

Trainer / Instructor Handbook　071

行動変容のメカニズム

脳の回路がつくられるには18日～8カ月かかる

　たとえば、研修で学んだコーチングスキルを活かして部下と対話をしようとしたものの、すぐに研修で学んだように実践できるわけではありません。

　相手の話をさえぎらず最後まで傾聴し、共感し、部下が話しやすい空気を保って良い質問を投げかけることが重要だと意識してはいるものの、つい、「いやそれは、○○ということでしょう。XXしてくれますか？」と、途中でさえぎって、仕事を指示してしまうこともあるかもしれません。

　新たに学んだスキルを活用したいとは思うものの、なかなか継続するのは難しいものです。

　脳科学をベースにリーダーシップ開発を行うデビッド・ロック氏によると**新しく学んだスキルが行動として定着し、無意識にできるようになるまでには、18日～8カ月を要する**といいます。

　この理由は、脳の回路がつくられるのに時間を要することにあります。

　脳は何かの信号を受けた時に、状況や内容を判断し、どう行動するかの指令を出します。

　行動パターンを変えるためには、この判断と行動の指令が変わらないといけません。つまり、脳の回路に変更が必要なのです。その脳の回路の変更に18日～8カ月がかかるというわけなのです。

　「やろう」と思ったからといって、その瞬間に回路が変更されるわけではないので、行動が定着するには時間を要するということなのです。

　研修を行ううえでは、このタイムラグを認識しておく必要があります。

呼びかけても脳の新しい回路はつくられない

　研修中に講師がこんな言葉を発する場面を見たことはありませんか？

・「今後はマネジャーという立場であることを自覚して行動しましょう」
・「今日学んだことを、明日からはぜひ使ってみてください」
・「より高い成果を出そうという意識で動いてみてください」
・「次回は、これまでとは違った視点で取り組んでみてください」

　知識やスキルの習得で終わらず、研修後の実践を促す言葉として、意義のある働きかけだと考えることもできます。
　言わないよりは言ったほうがいいのかもしれませんが、呼びかけるだけでは不十分。脳の回路が変わらないことには行動は定着しないからです。
　講師の言葉を聞いたからといって、脳の回路に変更が起きるわけではないので、こうした言葉の実質的な効果は期待できないのです。

　ではどうすればいいのでしょうか。
　研修の内容を行動に移してもらうための有効な働きかけとして、以下では2つのコツを見ていきましょう。

行動変容を促す2つのポイント

ポイント①　リビジットのしくみ

　リビジットというのは**研修参加者が学んだ内容の振り返りを行うこと**です。ここでのポイントは、講師が大切なポイントをリピートして参加者が受け身の状態で聞くのではなく、**参加者が主体的に振り返りを行うこと**です。研修後に参加者が自ら研修で使ったテキストを見直す機会が頻繁にあ

るのが理想ですが、現実にはなかなかそうはいかないものです。

　そこで、テキストを開くことはなくても、**何らかの形で学んだことや実践しようと計画したことをリビジットしてもらうしくみ**が必要です。

　リビジットの工夫としては、次のような方法が考えられます。

◎**研修後のリビジットの方法例**
- ●研修内容の重要ポイントをコンパクトにまとめたカードを作成し、それを目につくところに掲示する
- ●講師から翌日にフォローアップメールが送られてきて、それに対しての返信などのアクションが求められる
- ●参加者同士が自由に書き込めるスペースを社内イントラネット上に作成しておき、3日以内に学びと実践計画を全員がアップする
- ●学んだ内容や実践計画を上司に報告し、その報告をもって上司から修了書を参加者に渡すよう手配する
- ●研修での学びとその実践について、頻繁に上司から問いかけ、話題にしてもらうよう、上司に依頼する

　エビングハウスの忘却曲線でも知られるように、時間が経てば経つほど、学んだ内容を忘れてしまう確率が高まります。

　研修で学んだ重要な点を長期記憶に定着させるためには、上記のような方法を組み合わせて**研修後30日間に6回振り返る機会をつくる**ことを目安とします。

　まずは研修直後にリビジットの手段を仕掛け、その後は徐々に間隔をあけてフォローアップを行えるよう計画します。

ポイント②　試行錯誤の期間を見込み、参加者の周囲や上司を巻き込む

　次に大切なのは、最初からうまくいかないことを想定しておくことです。

　新しい知識やスキルを使ってみて、くり返し練習し、時には失敗しなが

ら成功率を上げていくことで、定着を目指していきます。

　たとえば、研修で新しいビジネスツールを学んだとします。

　便利だし、活用するメリットにも納得したので、早速業務で使ってみます。でも、まだ使い慣れていないため、ステップを飛ばしてしまい、良い結果が出ない——これは、よくあることです。

　ここですぐに、「このツールは使えない」と思うことがないように、よくある失敗を想定し、その対策についても研修でとりあげておくことが有効です。

　また、うまくいかなかったことで、新しいツールを使うのが面倒になってしまい、研修で学ぶ前の方法に戻ろうとする可能性も考えられます。

　つまり、研修後の参加者は、研修で得た学びを実践したり、しなかったりと、一貫性が保てない可能性が高いのです。

　そんな時に大切になるのが、周囲の支援です。

　学びから定着までの試行錯誤期間を乗り切るためには、上司をはじめ周囲のサポートが欠かせません。

　最初から100％の成功や実践を期待してプレッシャーをかけるのではなく、成功体験を増やして自信がつくまで温かく見守ったり、コーチングなどの支援を行ったりすることが必要です。周囲から認められたり、褒められたりすることが継続の力になります。

　研修をデザインする際には、研修後の参加者の試行錯誤までを視野に入れて、準備段階から上司など周囲を巻き込んでおくことが必要なのです。

Trainer / Instructor Handbook　075

2-5

研修前後のプロセスをデザインする

「ここから先、実践できるかどうかは皆さん次第です」

「皆さんは大人なので、学んだことを学びっ放しにせず、何をどう活用するかを自分で決め、きちんと実践していきましょう」

　研修の終了時に、講師がこのようなコメントをしている場面を見たことがあるかもしれません。もっともらしく聞こえますが、果たしてそうでしょうか。

　ここまでに見てきたように、研修は、知識やスキルが定着し、行動変容を起こすことが目的です。研修をその当日だけの「イベント」と考えるのではなく、研修前後も含めた「プロセス」として企画していくことが大切なのです。

　ここでは、研修を「プロセス」とするポイントを具体的に考えていきます。

本項の Key word

「上司を巻き込む」
「研修前後のプロセス」
「継続的なコーチング」

研修をイベントで終わらせないために

研修参加者に影響力が高い人を巻き込む

研修は、イベントではなくてプロセスです。

プロセスというからには、**研修の前、そして研修の後を見越して、研修をデザインする必要がある**でしょう。

2-4でも書きましたが、「行動変容」という研修の目的を達成するためには、研修参加者にとって影響力の高い人を巻き込むことが非常に重要です。

では、研修の前後において、研修参加者に影響力が高い人は誰でしょうか？

多くの場合、上司の影響力が最も大きいでしょう。

つまり、**研修の企画者および講師が、研修前後にいかに参加者の上司を巻き込むことができるかは、研修の効果を高めるうえで重要なポイント**なのです。

「大人なのだから自分で何とかしてほしい」と見放すのではなく、研修前後に上司を巻き込んだプロセスをデザインします。

研修前後に参加者の上司を巻き込む方法

研修前のプロセスに巻き込む

研修前に上司を巻き込む方法としては、参加者と上司とで対話してもら

うことが最も一般的です。

　具体的には、下記のような面で協力してもらいましょう。

◎研修前に上司を巻き込む方法例

①ニーズ分析に協力してもらう
　　→上司に対してヒアリングやアンケートを実施し、研修ニーズを吸い上げる
　　●研修参加者本人が自分自身の仕事やパフォーマンスの課題として捉えていることと、上司の見解は必ずしも一致するとは限らない
　　●参加者本人だけではなく、上司にもヒアリングやアンケートに協力してもらい、上司のニーズ（参加者に何を学んでほしいか、研修に何を期待するか）を吸い上げる

②研修の目的や内容を、上司から参加者に伝えてもらう
　　→研修参加者に対して上司の言葉で、「なぜこの研修に参加するか」を伝えてもらう
　　●たとえば階層別研修において、「係長という役職に必要な知識やスキルを習得する」などといった漠然とした情報ではなく、「係長になったことで今までと何が違うのか」「この研修に参加することで何が学べるか」などを、研修前に上司の言葉で参加者に直接伝えてもらう
　　●これによって参加者の研修への参加意識を高めることが期待できる

③参加者への期待値を伝えてもらう
　　→研修参加者に対して上司の言葉で、「何を学んでほしいのか」「何を身に付けてほしいのか」「それはどんな意義があるのか」を伝える
　　●たとえば、係長として期待している行動、発揮してもらいたいスキル、その結果として期待している成果やパフォーマンスを明確に伝えてもらい、今までの行動パターンとは変えてほしいことがあるとしたら何なのか、また、係長として成果を出していくことがどの

ような意義をもつのかを上司から参加者に解説してもらう

④研修終了後のイメージを共有しておく
　→研修後、知識やスキルをどのように発揮するかを共有する
　●上記のような対話を通して、身に付けた知識やスキルを研修後に
　　どのような場面でどう発揮するのかを、上司と参加者とが共有で
　　きている状態をつくる

研修後のプロセスに巻き込む

　研修後に上司を巻き込む方法としては、やはり部下との対話や、継続的
なコーチングが有効です。
　次のような取り組みを行うことで、上司を巻き込み、研修効果を高めて
いけることでしょう。

◎研修後に上司を巻き込む方法例
　①参加者から上司への報告
　　→参加者から上司へ、研修で学んだこと、今後、活用・実践しよう
　　と思っていることを報告する
　　●何を学んだかをまとめるのではなく、学びをどう実践するかをで
　　　きるだけ具体的に報告し、上司にどんなサポートをしてもらいた
　　　いかを伝える
　　●報告は口頭でもレポート提出でも、その組み合わせでも構わない

　②試行錯誤の期間のサポート
　　→上司にスキル・行動定着のサポートを依頼する
　　●研修前の行動パターンに戻っていたり、学びを実践できていなか
　　　ったりする時に、何が障害になっているのかを確認し、障害を取
　　　り除くために何ができるかを考える

Trainer / Instructor Handbook　079

- ●練習が必要であれば上司が練習の機会を提供し、進歩していること、成果が出ていることについて称賛する

③継続的なコーチング
　→根気強く参加者の行動変容を見守る
- ●うまくいっていることは褒め、うまくいっていないことは解決に向けてのコーチングを根気強く続け見守ってもらう

研修前後のプロセスを「しくみ」として組み込む

　研修を企画する際には、上司にかかわってもらうことでその成果が大きく変わってきますが、協力的な上司もいれば、そうではない上司もいるでしょう。また、上司がこのようなかかわりをするのが当たり前になっている組織もあれば、そうではない組織もあるでしょう。さらには、上司1人ひとりの手腕の差も効果に対する影響が大きいと言えます。

　長期的な視点に立てば、人事制度など組織開発的なアプローチで、人を育てる文化を醸成することが大切なのですが、短期的な対策としては**研修の事前課題・事後課題として、こうしたプロセスを研修の一部に組み込む**ことをお勧めします。つまり、上司と部下との対話を、研修の事前課題・事後課題という「しくみ」とするのです。
　たとえば、81ページのようなフォーマットを作成し、研修前後に上司と部下がそれぞれ記入するようにします。フォーマットの記入、それに伴う対話を通して、**自然と上司がかかわらざるを得ないような状況をつくり出すことで、研修の効果を高めていくことができる**でしょう。

なぜ研修が必要なのか？

研修前に招待状が届く

研修前に上司は、「参加者に何を学んできてほしいと期待しているか」を、参加者は、「どんな課題を感じているか、研修で何を学んでどう活用したいか」を記入し、研修会場に持って行く。

研修後は、報告アルバムと修了証をセットで手渡す

研修後、参加者は、報告アルバムに学んだ内容と今後の実践予定を記入し上司に提出。上司は励ましのコメントを記入し、修了証とともに手渡す。

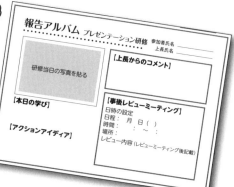

Trainer / Instructor Handbook　081

第3章

研修を組み立てる
～インストラクショナルデザインの基本～

Trainer / Instructor Handbook

3-1

研修デザインの落とし穴

　この章ではいよいよ研修プログラムの作成に取り掛かります。

　第2章で行った研修プログラム作成前の分析や準備を元に、設定した目的を達成できるような研修プログラムを作成していきますが、その前に、まずはよく行われてしまう間違い、落とし穴を見ていきましょう。

　こうした間違いをしないような研修デザインの手法は、3-2以降で詳しく見ていきます。

本項の Key word

「インストラクショナルデザイン」
「参画型」
「ワークショップ」
「アクティブラーニング」

落とし穴① スライド作成から始める

インストラクショナルデザインの必要性

> 「研修の目的が定まり、研修に入れたいコンテンツもおおよそイメージがわいた。そこで、既存の社内資料や過去の研修教材を探し、研修に入れたいコンテンツに該当する内容や関連する情報のスライドをつなぎ合わせる」

これは研修を組み立てる際に行われる、典型的な誤りです。
一体、これの何が間違っているのでしょうか。

まず、研修プログラムを作成する際に、スライド作成からスタートすることは効果的ではありません。
家を建てる際には、設計図が必要です。設計図を描く前に、とりあえず柱を立てて壁をつくる人はいないはずです。研修も同様で、**内容を作成する前に、設計図（インストラクショナルデザインと言います）が必要**なのです。

インストラクショナルデザインとは

インストラクショナルデザインとは、**研修の目的を明確にし、目的達成のための研修コンテンツ（内容）をどのような順序で組み立て、どのような手法を使って研修を行うか、時間配分をどうするかなどを決めて書面化**したものです。
このインストラクショナルデザインが完成する前にスライド作成を始めてしまうと、手元にある情報をつなぎ合わせて、その内容を説明するだけの研修に陥りがちです。それでは、参画型の参加者主体の研修とは言えな

いでしょう。

落とし穴②　参画のためにグループワークを取り入れればいいと思っている

ワークショップを取り入れれば参画型の研修ができるのか

> 「研修は一方的な講義だけではつまらないので、双方向にして参画を促したい。とは言え、知識のインプットは必要なので、知識のインプットのために30～60分間講義を行い、その後に20分間の『ワークショップ』を入れ、参画を促すデザインにする」

これもよく行われていることでしょうが、いかがでしょうか。

「ワークショップ」を取り入れていて「参画型」になっているように思えます。
「落とし穴①」のスライドをつなぎ合わせただけのものよりは、ややましですが、それでもやはり、参画型の研修のインストラクショナルデザインとしては完成度が低いと言わざるを得ません。
　というのも、**参加者が「参画」するというのは、グループワークやグループディスカッションを行うことだけを指しているわけではない**からです。

参画とは

　知識のインプットは必要なので、その時間は一方的な講義に耐えてもらい、その後にグループワークやディスカッションなどの「ワークショップ」が加わっていれば、その研修は参画型であると誤解している方が多いようです。

しかし、本来、「参画」とは、参加者が情報を受け身の姿勢で受け取るのではなく、**能動的に学びにかかわること**を意味します。

つまり、**参加者が考える、書き出す、話す、手を動かして何かを行うなど主体的に動くこと**を指すのです。

ですので、前半30分は受け身で、後半20分は主体的というように分断するのではなく、**講義を聞いている際にも主体的になれるような工夫が必要**なのです。

また、知識のインプットには講義形式しかないというのも思い込みで、講義以外にも様々な手法を使って知識のインプットを行うことは可能です（6-2参照）。

「派手なアクティブラーニング」と「地味なアクティブラーニング」

少し話はそれますが、昨今の学校教育でよく話題になる「アクティブラーニング」に関する誤解も、同じ理屈で説明ができます。

文部科学省が「アクティブラーニング」を推奨していることもあり、数年前から学校教育においてもアクティブラーニングを実践しようという動きが活発になってきました。

アクティブラーニングというのは、受け身ではない学習方法全般を指しているため、「参画型」と言い換えても大きな問題はないでしょう。

このテーマを考えるうえで考慮したいのが、**「派手なアクティブラーニング」**と**「地味なアクティブラーニング」**です。派手なアクティブラーニングとは、先ほど紹介したような「ワークショップ」や「プロジェクト」です。それに対して地味なアクティブラーニングとは、講義の最中であっても参加者が受け身ではなく、主体的、能動的に学んでいる状態です。

先生方が、アクティブラーニングを授業に採用しようと考えた時、すぐに思いつくのが、何らかの実験やプロジェクトの遂行を通して学んでもらう方法や学んだ内容を活用してのグループワークです（いわゆる「ワークショップ」に当たります）。

確かにそうした手法を取り入れることは、アクティブラーニングの実践

方法のひとつでしょう。

　ですが、教科やトピックによっては、そうしたワークショップが向かないものもあります。たとえば、理工系学部の１年生が学ぶ数学や物理など基礎知識を習得する性質の授業では、ワークショップを行うよりも、個人が基礎知識を積み上げていくことが求められるわけです。

　つまり、「アクティブラーニング＝プロジェクトやグループワークを行うこと」と捉えていると、すぐに壁にぶつかってしまうのです。

　しかし、こうした知識のインプットが目的となる講義でも、先生の説明を聞いて理解するという受動的な手法しか存在しないわけではありません。ここで効果を発揮するのが、「地味なアクティブラーニング」です。

　たとえば**説明を聞く前に個人で課題に取り組む、教科書や資料を読んで概要を理解して自分の言葉でまとめるといった方法をとれば、誰とも対話はしないけれど、主体的に学ぶことは可能になる**のです。

　主体的、能動的に学ぶというと、プロジェクトやグループワークなど、見た目にもわかりやすい「派手なアクティブラーニング」をイメージしてしまいがちですが、手法はそれだけではないのです。

　そしてこのことは、学校教育だけではなく、ビジネスにおける研修でも同様です。**グループワークやワークショップの時だけ参画型にするのではなく、授業・研修のすべての時間を参画型にするのが本書で目指す「参加者主体」の研修**なのです。

〈誤ったワークショップ型と本来の参画型〉

よくある誤解（例）		本来の参画型	
行っていること	意図・手法	行っていること	意図・手法
講義（30分〜60分）	一本的な説明	講義（20分単位でデザイン）	講義の最中も参加者は受け身になって聞いているだけではなく主体的に学んでいる
「ワークショップ」20分	参画型		

落とし穴③　講師と参加者の会話のみで研修が進む

ランダムに指名することは参画なのか

> 「参加者に積極的に参画してもらいたいという思いから、様々な質問を投げかける。もっとも、発言してくれる人はいつも決まった人になりがちなので、全員を巻き込むために、ランダムに指名して答えてもらう」

　これもよく行われていることですが、どこに問題があるのでしょうか。
　突然の指名がもたらす弊害については、後半（5-4参照）で解説しますが、ここでは、「対話」に着目します。

　講師の問いかけに対して参加者が答える、あるいは、参加者からの質問や発言に対して講師が答える、というスタイルですので、講師と参加者の間では言葉が交わされています。
　ですが、参加者同士が対話する機会はありません。
　言い換えると、こうしたスタイルでの学びは、すべて講師からの情報提供ということになりますが、それは効果的とは言えません。

　講師が参加者に問いかけや指名をするなどして発言してもらうというのは、図3-1のような状態です。この状態でも、参加者とのコミュニケーションはとれていると言えなくはありませんが、研修での効果をより高めるために本書が目指すのは、図3-2のような状態です。講師と参加者とのやり取りに加え、参加者同士が話すことが含まれた対話の形です。

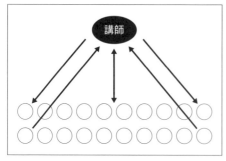
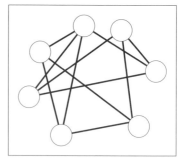

図3-1 講師と参加者の対話のみ　　　　図3-2 参加者同士の対話

　研修の参加者は大人であり、すでに様々な経験や知識をもっています。**各人がもつ知識や経験を共有することで、他の参加者が得るものは大きい**のです。

　実際の研修でも、参加者同士が対話し、過去の経験談を共有してもらったり、意見やアイデアを出し合ったりする中で、はじめて講師の説明が腑に落ちることは頻繁にあります。研修は、そのような学びを最大化するようにデザインされなければなりません。

参加者同士の対話が学びの効果を高める

　たとえばこのような経験をしたことがあります。
　セミナーの参加者は15名ほど。机の配置はコの字型（159ページ参照）でした。講師から提供される情報は大量で、よどみのないプレゼンテーションが続きました。時おり、講師から質問が投げかけられ、それに参加者が答えながらセミナーは続きます。10時から17時という丸１日のセミナーが終了する頃には、頭の中は受け取った大量の情報で溢れ返っていました。
　ですが、帰路についた際に、どうも釈然としないし、とてもストレスがたまっていることに気づいたのです。そのストレスはどこから来ているかと考えたところ、あることに気がつきました。
　「そう言えば、今日、隣の席の方と一言も話してない！」
　もちろん、講師からの質問に対して答える場面はありました。もしかす

ると、その研修の担当講師は、それを「双方向」だと思っていたのかもしれません。

でもそれは単なる理解度確認の問答です。考えを深めたり、実践に向けて考えをまとめたりすることを助ける対話ではありませんでした。

他の参加者とかかわることもなかったのでは、個人学習をしていたのとあまり変わらない――それがストレスの原因だったのです。

研修は、講師から正解を学ぶだけの場ではありません。正解を学ぶだけであれば、eラーニングや書籍などでも十分であり、対面の研修は必ずしも必要ないこともあるでしょう。

講師からの問いかけに対して参加者が答えるという方法は、確かに参画のひとつの方法です。ですが、これは理解度確認など、講師から正解を学ぶという性質に留まることが多いのではないでしょうか。

本書で目指す**参加者主体の研修には、参加者同士の対話が必須**だと考えています。

参加者同士が対話することで、考えが深まったり、課題を自力で解決できたり、経験や事例の共有からも学ぶことができたりと、学びが豊かになります。

また、参加者が受け身ではなく自立して学ぶ場をつくることで、研修後に講師のサポートがなくても学びを実践できる確率が高くなるという効果も期待できます。

学習効果の高い研修を組み立てるには

参加者主体の研修に欠かせない３つの要素

以上、研修の作成に取り掛かる際に、よく陥る落とし穴を３つ紹介しました。このような落とし穴に陥ることなく、効果的な研修を組み立てるに

Trainer / Instructor Handbook　091

はどうしたらいいのか、この後の項目では、インストラクショナルデザインの具体的な作成手順として、以下の項目を考えていきます。

> ◎参加者主体の研修の設計のポイント
> - 時間をデザインする（90/20/8の法則）→3-2参照
> - 研修コンテンツを組み立てる（KSAフレームワーク）→3-3参照
> - 構成順序を考える（理論から始めないインストラクショナルデザイン：EAT）→3-4参照
> - オープニング、クロージングのデザイン→3-5参照
> - 脳を活性化させ、学習効果を高める→3-6参照

なお、参加者が主体的に学ぶ研修をデザインするうえでは、「C（コンテンツ）」「S（参画）」「R（リビジット）」の3点が欠かせません。つまり、研修は20分を最小単位としてデザインしますが、その20分を、コンテンツ（情報提供など）だけで構成するのではなく、8分に1回の参加者の参画、その20分の内容のリビジット（参加者自身がリフレクションを行い、整理したり、考えを深めたりすること）を組み込みます。具体的なデザインについてはこの後で詳しく述べていくことになりますが、これらがすべて満たされているかどうかを念頭に置きながら、研修デザインを進めていきましょう。

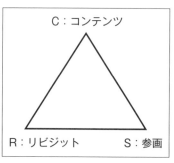

インストラクショナルデザインの3つの要素

3-2

研修を組み立てる

時間をデザインする
～「90/20/8」の法則～

　研修を設計、デザインする際にとても重要な要素が、時間配分です。

　研修全体で何時間かけられるのか、それに対してどのようなコンテンツをカバーする必要があるのか、そのコンテンツの各トピックにはどれくらい時間をかけるのかを考えて配分していきます。

　その際にどのような基準で考えればいいのか、参考となる指標として「90/20/8の法則」を紹介します。どのような目的で、何をどのようにデザインすると学習効果が高められるのか、その考え方と活用法を考えます。

本項の Key word

「90/20/8の法則」
「8分に一度の参画」
「20分に1回のリビジット」
「忘却曲線」
「長期記憶と短期記憶」

Trainer / Instructor Handbook　093

学習に有効な時間配分とは

学習に適した時間配分をもとに研修を組み立てる

　研修を組み立てるうえで、とても重要なのが時間配分です。

　研修全体での時間はすでに決まっていることが多いかもしれませんが、**全体の時間の中でどのようなコンテンツを取り入れるのか、そのコンテンツの各トピックにはどれくらい時間をかけるのかを考え、全体の設計図をつくっていく**ことになります。

　その際、何を基準に時間を決めたらいいでしょうか。

　「説明するのに必要な時間や、ワークやディスカッションに何分くらいかかりそうかを予測して積み上げていく」「与えられた時間に対してカバーしたいスライドの説明にかかる時間を計算し、優先順位をつけてスライドを取捨選択する」などの方法をとることが多いかもしれませんが、それは教える側の都合です。

　参加者主体の研修を組み立てるうえでは、そうした教える側の判断や都合ではなく、**人間の脳がどう学習に対応するかの原理原則に基づいて時間配分を決定していきます。**

脳が集中をキープできるのは90分まで

　運動中に休憩が必要なのと同じように、学習中の脳も休憩してリフレッシュすることが必要です。

　では、どれくらいの間隔で休憩時間をとるのが良いのでしょうか。

　脳科学的な知見からも言えることですが、**集中力をキープしてもらうためには、90分に一度休憩時間をとる**のが良いでしょう。

　一度の休憩時間は10分から15分程度を目安とします。

094

90分に一度休憩を入れることを基本に考えると、下記のようなデザインが考えられます。

　まずは大まかに全体の時間を配分し、休憩をとるタイミングで内容の区切りが良くなるようにコンテンツを組み立てていきます。

〈研修時間と休憩のタイミング〉

全体の時間	休憩のタイミングと時間配分
1時間〜1時間半程度の研修	途中休憩なし
3時間の研修	90分　研修 　（休憩） 90分　研修
半日 （4〜5時間の研修）	90分　研修 　（休憩） 90分　研修 　（休憩） 60分〜90分　研修
終日研修 （昼休みを除いて7時間程度）	90分　研修 　（休憩） 90分　研修 　（休憩：昼休み） 90分　研修 　（休憩） 90分　研修 　（休憩） 60分〜90分　研修

2時間研修における休憩時間の考え方

　経験上、困るのが2時間の研修です。2時間という枠で行われている研修・セミナーは数多いのですが、上記の法則を当てはめようとすると、途中で1回休憩を入れる必要があるということになります。

　通常、2時間の途中で休憩を入れるのは、あまり見たことがありません。しかし、理論的にもそして経験的にも、2時間のセミナーの最後の

30分は集中力が途切れる方が増えてきます。

　そこで２時間の枠の場合、担当者に理由を説明したうえで、「学習の効率を考えて90分にしましょう」と提案することをお勧めします。

　ただし、どうしても他との兼ね合いなどで２時間にせざるを得ない場合は、途中で５分間の休憩をとる、もしくは、最後の30分は質疑応答やアンケートの記入、ここまでの内容のリビジットやアクションプランの検討などとし、新しいコンテンツを最後に詰め込むことはないようにデザインします。

90分をどうデザインするか

「90/20/8」の法則

　休憩から次の休憩までの90分をどう構成するか、ここでは「**90/20/8」の法則**を用います。

　まず、**大人が記憶を保持しながら話を聞くことができるのは20分**です。そのため、20分を単位として研修をデザインし、「**20分おきにペースを変えたり、明らかに異なった形式にしたり**」します。

　さらには「**8分ごとに参加者を研修に参画させる**」ようにします。人間の脳は受け身な状態が10分以上続くと興味を失い始めるため、８分を一区切りとして話を組み立てます。

　８分が経過したら情報提供をいったんやめ、参加者にそこまでの内容をリフレクションしてもらったり、自分なりにまとめたり、重要な点をくり返したり、何かしらの形で参画してもらうのです。

　この考えを当てはめると、理想的な90分の構成例は次のようになります。このように、20分というのをひとつの単位として研修をデザインし、

さらにその20分の中に、8分ごとに参画の時間を組み込んでいきます。

　なお、90分のコンテンツの具体的なデザイン例については、3-3で紹介します。

〈「90/20/8」の法則で90分を組み立てる〉

時間	トピック	時間
0分〜5分	これからの90分の内容の オープニング	5分間
5分〜25分	項目1 ●トピック1 ●参画1 ●トピック2 ●参画2	8分間 1分間 8分間 3分間
25分〜45分 45分〜65分 65分〜85分	項目2 項目3 項目4	上記の5分〜25分のパターンをくり返す
85分〜90分	ここまでの90分の内容の クロージング	5分間

参画の方法

8分に1回参画してもらうには

「8分ごとの参画」をもう少し具体的に考えましょう。

　参画というのは、**参加者が情報を受け取る受け身な状態ではなく、自分で考えたり発言したりするという能動的な状態になること**を指します。

　ただし、8分ごとに参画してもらうからといって、8分に1回グループディスカッションやグループワークを行うという意味ではありません。

Trainer / Instructor Handbook　097

3-1で述べた「派手なアクティブラーニングと地味なアクティブラーニング」という考え方を思い出してください。

つまり、参画の手法は、グループディスカッションやグループワークだけではなく、個人でリフレクションしたり、ペアで何かを話したりというちょっとしたことでかまわないのです。

ポイントは、**講師から情報を受け取るという受け身な状態ではなく、参加者が考える、書く、話すなど能動的・主体的になる時間をつくること**です。

代表的な方法としては、下記のようなものがあります。

◎**主な参画の手法**
- 講師の説明内容を活用して、個人で課題に取り組む
- テキストや資料を振り返って概要を自分の言葉でまとめる
- ここまでの内容についてのクイズに挑戦する
- ここまでの内容について、重要だと感じた点や、自分の仕事上での実践をイメージしてペアで話す
- 次のトピックに関しての予想クイズに答える

学んだ内容を記憶に定着させる

聞いた情報の大半は学習後すぐに忘れられてしまう

人の記憶には、一時的に保管されているだけの「短期記憶」と、長期的に保管されている「長期記憶」があります。受け取った情報はいったん短期記憶に保管されますが、短期記憶は時間の経過とともに、忘れられてしまうか、もしくは長期記憶へ移行されるかどちらかの運命をたどります。

エビングハウスの忘却曲線によると、**聞いた情報のうち90%以上が30**

日以内に忘れられ、さらにそのうちの大半は学習後数時間で忘れられていくといいます。

　研修を受ける立場になると、「ついさっき聞いた内容なのに、もう思い出せない」ということは、残念ながら、誰にでもよくあることです。研修に限らず、「忘れてしまう」というのは、日常的に起こります。それは短期記憶に一時保存されただけの情報にとっては避けて通れないことなのです。

　ですが、研修で教える立場になると、自分が伝えたことを全部参加者が覚えていることを期待してしまっていませんか？

　「さきほど説明しましたよね？」「聞いていなかったのだろうか？」という態度だけではなく、「やる気が足りないのでは？」「興味ないのかな？」「理解力に問題があるのでは？」と、あらぬ方向に考えを発展させていないでしょうか。

　自分自身が、誰かに何かを教わった時に、興味をもって聞いていたにもかかわらず忘れてしまうことがあるのと同様、研修に参加している人も、決してやる気がないわけではないのです。

　忘れてしまうのが当然だと捉え、忘れることを極力防げるような研修をデザインする必要があるのです。

長期記憶への移行を助ける「リビジット」

　研修でせっかく学んだことを忘れてしまうのではなく、長期記憶への移行を促すにはどうしたらいいでしょうか。

　長期記憶への移行を助けるためには、重要な点は何度かくり返すことがポイントなのですが、その鍵となるのが研修デザインの「20分」という単位です。

　記憶を保持しながら聞くことができるのは20分ですので、**20分ごとに、そこまでの内容をリフレクションし、重要な点を参加者が能動的に振り返ること（リビジット）が大切**なのです。

　97ページの表で「参画2」と表現している部分は、リビジットを行う

Trainer / Instructor Handbook　099

タイミングです。

参画により長期記憶へと移行する

　長期記憶に定着させるうえでもうひとつポイントなのが、重要な点をくり返すこと。とは言え講師がくり返し説明したり確認したりするのではなく、**参加者が「参画」する形でくり返す**ことが大切です。

　人は、誰かから聞くなどして受け取った情報を脳内で整理・分類する際に、自分にとっての意味づけをしたり、新しいアイデアに発展させたりします。その意味づけやそこから得たアイデアなどが重要な情報となって長期記憶への移行をサポートするのです。つまり、**記憶に残るのは、人から聞いた情報よりも、自分でまとめた考えや自分自身の発言内容**です。このメカニズムを記憶の定着にも活かしていきます。

　たとえば、次のように参加者が主体的な状態で重要な点を振り返ることができるようデザインすると効果的です。

◎記憶の定着を助けるリビジット例
- ●テキストや資料を振り返って大事な点を整理する
- ●概要を自分の言葉でまとめる
- ●ここまでの内容についてのクイズに挑戦する
- ●今後活用しようと思うことを書き留める

3-3

研修を組み立てる

研修コンテンツを組み立てる

　研修デザインの時間配分の法則を理解したら、次は研修のコンテンツを組み立てていきましょう。

　ここでは、2-3で整理した「KSAフレームワーク」に沿って考えていきます。

　設定した目的を研修で達成するために必要な知識やスキルを習得してもらうには、どのようなコンテンツを盛り込んでいけばいいでしょうか。その組み立て方、デザインの仕方を考えていきます。

**本項の
Key word**

「KSAフレームワーク」

Trainer / Instructor Handbook　101

研修コンテンツの組み立てとKSAフレームワーク

KSAに分けて考える

　研修コンテンツを組み立てる際は、2-3で分類、整理した、K（知識）、S（スキル）、A（態度・姿勢）のフレームワークに基づいて行います。

　まずは、KSAの性質とそれぞれを組み立てるうえでの注意点を整理します。

種類	組み立てるうえでの注意点	組み立てのポイント
K （Knowledge：知識）	どうしても一方的な情報提供になりがちだが、一方的に大量の情報を提供しても効果的ではないため適切な分量とする	・7±2の法則 ・長期記憶への移行
S （Skill：スキル）	頭で理解しただけでは身に付かないため、必ず練習の機会を組み込む	・無理のない練習を積み上げる
A （Attitude：態度、姿勢）	正論やロジックを伝えるだけでは影響を与えにくいため、インパクトのある方法で人の感情への働きかけが必要となる	・感情を動かす

102

K（知識）に関するコンテンツを組み立てる

「時間が足りない」という問題点

「伝えたいことはたくさんある。でも時間は限られている」
　これは、よくあることですが、どのような解決策があるでしょうか。

・早口で話して、とにかくたくさんの情報を提供する
・ワークなどに時間を使わず、大事なポイントに絞って効率良く話す

　よく行われがちではありますが、これらが適切な解決策ではないことは明白です。
　伝えたからと言って、相手が学んだとは限りません。「情報を伝えた」という講師の自己満足や安心感は得られるかもしれませんが、それでは研修の目的の達成には至りません。
　記憶に留めることが最終目的ではありませんが、そもそも学んだことを覚えていなければ、職場での実践や行動変容は期待できませんので、まずは記憶に留めてもらうことが重要になってきます。

情報の洪水を防ぐには

　　「じょうごに液体を流し込んでいる図を想像してください。速く注ぎすぎると液体は溢れてしまいます。適度なスピードで注ぐと液体をこぼさなくてすみます。もしくは定期的に注ぐのをやめ、液体が流れ落ちてから注ぎはじめるとこぼさなくてすむのです。」
　　（『クリエイティブ・トレーニング・テクニック・ハンドブック　第3版』p239-240）

Trainer / Instructor Handbook　103

これは、『クリエイティブ・トレーニング・テクニック・ハンドブック第3版』から引用した例ですが、このように研修中、参加者の頭から情報が溢れ出している光景をよく見かけます。

相槌を打ったり、興味をもって聞いているように見えたのに、いざ確認してみると覚えていなかったり、簡単だと思った質問への回答がずれていて理解されていない。

あるいは、時間の経過とともに、眠気と戦っている人が増えていくというのも、同じ問題から発生する現象です。

情報が入りきらず、溢れているために、こうした問題が起きるのです。

こうした事態を防ぎ、記憶に留めてもらう（溢れないようにする）ためにも、前述の「90/20/8」の法則が意味をもつのです。

つまり、**8分に1回は情報を注ぐことをやめ、液体を吸収する時間をとる**のです。さらに、**短期記憶から忘れ去られてしまわないように、20分という単位で大事な点を振り返る時間をつくります**。こうすることで、情報の洪水を防ぎ、記憶の定着をはかることができるでしょう。

情報量の多さが抱えるリスク

溢れ出ている状況をつくってしまうことは、別の観点においても問題があります。

参加者が吸収できる情報量は限られていますが、ゼロではありませんので、溢れ出さなかった情報を持ち帰ることになります。

ただし、何が溢れずに留まり、何がこぼれ落ちるかは、偶然にゆだねることになるか、もしくは何らかの判断で参加者が持ち帰りたいと判断した情報を持ち帰ることになります。つまり、**参加者がどの情報を持ち帰るか**

どうかに講師は関与できないのです。

　溢れずに持ち帰った情報が、講師側が重要だと感じていた内容と一致していればいいのですが、残念ながら一致しないことも多いものです。
　たとえば、「講師の説明に対して攻撃的な質問を投げかけた参加者がいて、そのやり取りがかなり白熱していたので印象に残った」「他部署からの参加者とのディスカッションで聞いたその部署の実情がとても意外で、印象に残った」など、研修全体としては決して本質的ではないことが記憶として残り、講師が重要だと思って伝えた点は残念ながら長期記憶へ移行していないというケースも起こり得るのです。

　本質的ではないことが長期記憶に留まり、学んでほしい大切な情報が溢れ出してしまうという事態を避けるためにも、本当に大切なことが長期記憶へ移行するように研修デザインを工夫しなければいけません。

情報量を限定する〜「7±2の法則」〜

　マジカルナンバー「7」と言われるように、**人間が一度に記憶できるのは、「7±2」の情報です。**
　たとえば、無意味な数字の連続はとても覚えにくいものです。14桁となると到底覚えきれません。ですが、5桁、5桁、4桁というように区切られていると覚えやすくなります。クレジットカードの番号などをイメージしていただくと、実感がわくのではないでしょうか。
　この**「7±2」の法則**を用いて、**一度に提供する情報は、最大9つまで**とします。それ以上になる場合には、いったんやめて、参加者が吸収する時間をとって吸収してもらってから続けるように分割します。

　具体的にコンテンツを設計する際は、20分という単位で研修をデザインしていきますが、**20分の単位の中に重要な事柄として持ち帰ってもらう情報を9つ以内**にします。

Trainer / Instructor Handbook　105

たとえば、マネジャーとして部下とコミュニケーションをする際に注意するポイントが12点あるとしましょう。

　その12点を30分かけて解説してからスキルの練習を行うのでは、9つを超えたポイントは記憶されていない可能性が高いでしょう。

　そうではなくて、たとえば最初の20分では6つの解説と練習に留め、次の20分で後半の6つをとりあげるといったイメージです。

長期記憶への移行を助ける5つの方法

脳のメカニズムに基づいてコンテンツを整理・配分する

　長期記憶への移行を助ける方法は「7±2に情報量を限定する」の他にもいくつかありますが、ここでは特に次の5つを紹介します。

　以下に挙げる脳のメカニズムを理解したうえで、ただ情報を詰め込むのではなく、優先順位をつけて、溢れ出ない配分でコンテンツを整理・配分していきましょう。

長期記憶への移行を助ける方法①　関連付ける

　脈略のない情報をただやみくもに覚えるより、関連付けられた情報のほうが覚えやすいものです。参加者がすでにもっている知識と関連付けて整理できるよう工夫しましょう。

　たとえば、以前出張で福島に行った際に、駅前で「ももりん」という名前の福島市のゆるキャラ（かわいい白いうさぎでした）を見かけました。その翌日、出張先の企業の方が「桃は福島の名産品のひとつだからももりんって言うんですよ」と教えてくれました。「福島の名産品の桃」というすでにもっている知識と関連付けができたため、「ももりん」というゆるキャラの名前が記憶に定着しました。その説明を聞くまでは、「ももりん」と

いう名前が思い出せなかったのですが、由来を聞いてからは忘れなくなりました。

このように、**すでにもっている知識とどうつながるか、関連付けが明確になると記憶に定着しやすくなる**のです。

また、歴史の年号を覚えた時のように、語呂合わせなどで一見バラバラに見える情報を覚えやすくするのも効果的でしょう。

長期記憶への移行を助ける方法②　意外性のあるものにする

普段の生活の中でも、物事が抜きん出ていてユニークなものや奇抜なものは記憶に残りやすいでしょう。つまり、**意外性のあるものは記憶に残りやすい**のです。

たとえば、何かのデータを聞いた際、「え？　そんなに少ないの？」と驚いたとしたら、その数字は後日でも覚えている可能性は高まります。また、聞いている人がハラハラするような展開の体験談も印象に残るでしょう。

そこで、覚えておいてもらいたい重要なポイントを解説する際、根拠となる意外性のある数字を紹介したり、エピソードや体験談に意外な展開が含まれているものを選ぶといった活用方法が考えられます。

長期記憶への移行を助ける方法③　最初と最後を重視する

情報がいくつか提供された場合、「最初」と「最後」の内容は覚えている確率は高いものの、真ん中の情報は思い出しにくいものです。

Trainer / Instructor Handbook　107

研修をデザインする際も、オープニングとクロージングが非常に重要です。

　このオープニングとクロージングについては、3-5で詳しく解説します。

長期記憶への移行を助ける方法④　書いて覚える

　読んだり聞いたりした情報よりも、自分で手書きをした情報のほうが記憶に残ります。

　研修で配布するテキストはキーワードを空欄にしておいて、穴埋めをしてもらったり、重要な点や自分なりのまとめや活用方法を書き出してもらうなど、手を動かして書く動作を組み込めるようにデザインします（4-5参照）。

長期記憶への移行を助ける方法⑤　くり返す

　大事な点、記憶に留めてほしいポイントは、一度ではなく何度かくり返しましょう。くり返すことは記憶への定着をサポートします。

　とは言え、同じ情報を同じ言葉で講師が何度もくり返すのは、あまり意味がありません。方法を変えて同じ情報に触れるようにするのです。

　たとえば以下のような方法がお勧めです。

◎**効果的なくり返しのコツ**
- 講師からの説明の後に確認クイズがある
- 講師からの説明の前に予測クイズがある
- 参加者が理解したことを参加者の言葉で表現して誰かに伝える
- 研修内容をリフレクションし、要点をまとめる
- 学んだ内容を活用して課題に取り組む

S（スキル）に関するコンテンツを組み立てる

スキルは講義では習得できない

　ここまではK（知識）を研修コンテンツとしてどう整理するかを検討してきましたが、次にS（スキル）の習得を考えます。

　まず、前提として、**スキルの習得は講義では達成できません。**あまりに当たり前のことではありますが、講義だけでスキル習得を目指す研修を見かけることがあるため、改めて強調したいところです。

　たとえば、自動車の運転免許を取得するにあたって、実技は必須です。筆記試験に合格するだけではなく、実技試験にも合格しなければ運転免許は取得できません。

　ですが、ビジネスの研修の場では、実技練習が十分ではないままになっていることがあります。たとえば、新任課長向けの研修を行う場合、課長の役割や求められている成果・能力、良い課長とはどうあるべきかなどの理論的なことを講義形式で学ぶだけで終わっていないでしょうか。課長としての振る舞いや行動を実際に練習する場面はあるでしょうか。

　振る舞いや行動はスキルであり、講義だけでは身に付きません。その前提に立って、研修をデザインすることが重要なのです。

スキル練習は無理のない積み上げをデザインする

　スキルの習得には練習が不可欠ですが、練習を適切に行うにはどうしたらいいでしょうか。

　研修中の練習をデザインする際に注意したいのが、**無理のない積み上げになっているかどうか**という視点です。たとえば、基礎知識を習得した直後に、急に応用編の練習を行うと基礎から応用へのギャップが大きすぎて、成功率が低くなります。そんな状況にもかかわらず、「まだまだ練習が必要

Trainer / Instructor Handbook　109

ですよね。皆さん職場に戻って十分練習してください」などのコメントで研修が終わってしまっては、スキル習得という研修目的の達成は難しいでしょう。

　スキル習得のために無理のない練習を組み立てる方法を、具体例に基づき考えていきます。

　販売員向けの新商品のセールスについての研修を例にします。この場合、商品知識やセールストークについて理解し、お客様役と販売員役に分かれてスキル練習を行うのが一般的な進め方でしょう。

　ここで、商品知識やセールストークなどの基礎知識を習得した直後に、いきなりお客様との対話の練習を行う――というのは、難易度が急に高くなりすぎています。段階的な練習ができるようにデザインする必要があるでしょう。たとえば次のようなステップが考えられます。

無理のない積み上げをデザインする

①知識を吸収する（商品知識を学ぶ）

②理解を確実にする

③得た知識を正しく活用できるよう練習する（質問に対して正しい答えがわかるなど）

④知識のアウトプットに必要なスキル（話を組み立てるスキルなど）を練習する

⑤総合練習する（場面を設定して対話するなどの基本パターン）

⑥臨機応変な対応が求められる場面を知識として学ぶ

⑦臨機応変な対応が求められる場面について、対応策が考えられるようにケーススタディなどを通して確認する

⑧臨機応変な対応が求められる場面について、スキル練習をする

これを研修に落とし込むと次のようなデザインが考えられます。

接客研修におけるスキル取得（例）

①商品知識を学んだ後、商品知識に関するクイズで確認する

②お客様との一問一答形式で、質問に答える形で正しい情報提供ができるよう練習する

③様々なお客様のニーズをケースとして用意しておき、どのケースにはどう提案するのが良いかグループワークで考える

④③をセリフ化する

⑤1人ひとり、お客様役と販売役で総合スキル練習（ロールプレイ）を行う

⑥最後に、応用ケースとして、対応が難しいケースについても同様に③〜⑤をくり返して練習する

実際の研修でよく見られるのが、①の後すぐに⑤を行うケースです。そして、現実には⑥ができないと現場では困るのに、⑥は練習せずに、「お客様のニーズに合わせて対応するようにしましょう」などという講師からのコメントで終了するようなケースもあります。

スキルの習得は講義だけでは達成できませんので、練習を組み込んだデザインが欠かせません。

ただし、練習の仕方にも工夫が必要です。失敗して苦手意識をもつと、実践する自信につながりません。「嫌な記憶」として忘れられてしまうかもしれません。

上記のように段階を踏むことで、失敗する確率を下げ、自信をつけてもらうことができるでしょう。

A（態度、姿勢）に関するコンテンツを組み立てる

どのようにして感情を動かすか

　最後に忘れてはいけないのが、A（態度・姿勢）です。

　この項目は研修だけでは達成できないことも多いので、研修前後も含めてのデザインを考える必要がありますが（2-5参照）、研修のデザインを行ううえでポイントとなるのは、**どのように感情を動かすか**です。

　「トレーナー養成ワークショップ」に参加した友人の女性がこんなことを話してくれました。

　彼女には当時3歳の娘がいました。ちょうど歯磨きを習得しようとしていた時期でしたが、娘は歯磨きが好きではありません。何とかして歯みがきから逃れようとする3歳の娘と、何とかして歯磨きさせようとする母の間で、毎晩、戦いがくり返えされていたそうです。

　友人は「トレーナー養成ワークショップ」を通して、「歯磨きの知識やスキルが問題なのではなく、感情が伴っていないことが問題だ」と気づき、あることをしました。

　さて、彼女は何をしたでしょうか。

　答えは、「ひどい虫歯の写真を見せた」です。

　インターネットを検索して写真を探し、それを娘に見せたのです。3歳の女の子には強烈なインパクトだったのでしょう。「こんな歯になりたくない！！」と大泣きして、それ以来歯磨きを嫌がることはなかったといいます。

　理屈があまり通じない年齢だったことも大きな要因ですが、人の感情を動かすのは理屈だけではないのも確かです。

　行動変容を起こしたい、こんな態度・姿勢で業務に取り組んでもらいたい、という感情面での目的を達成するにはどうすればいいのかを考える必要があるのです。

感情を動かす方法はテーマによっても様々に異なるでしょうが、次のような観点で整理して具体的な手法を検討しましょう。

①目指す姿は明確にイメージが共有できているか？　できていなければ、その姿を見せられるか？
②①について、メリットが実感、共有できているか？
③目指す姿に到達できなかった時の結果やデメリットは明確に共有できているか？　それは避けたいと皆が思っているか？
④一歩踏み出すために「背中を押す」方法として何が効果的か？
⑤障害になっていることはないか？　その障害はどうやって取り除けるか？

　具体的には、たとえば次のような方法が考えられます。

〈感情に働きかける方法例〉

映像	・ビジュアルは言葉よりもインパクトがあるため映像教材の活用は有効 ・ある企業のコンプライアンス研修の映像教材では、上司への報告を怠ったために大きな問題に発展してしまったケースや、逆にすぐに報告したおかげで大事を免れたケースなどが、リアルに再現されていたが、研修参加者は映像を見ながら感情移入することが多く、コンプライアンスに対する意識を高めるうえで効果的だった
証言者	・とりあげる内容を実践して成果を出している人に、何をどう実践したか、そしてどんな成果が得られているかなどを話してもらう（どんな苦労があったか、それをどう乗り越えたかなども話してもらうと良い） ・実際に研修会場に来て話してもらえるとベストだが、映像でも可
インタビュー	・「証言者」に体験談を話してもらった後、インタビューとして質疑応答を行う
ディベート	・研修でとりあげている内容について、肯定派と否定派に分かれてディベートを行う（例：リーダーシップ研修において、エンゲージメント（愛着心）を高めるリーダーシップの肯定派と否定派に分かれて議論する） ・否定派をつくって議論をすることで、研修内容を肯定し実践していくメリットなどが浮き彫りになっていくのに加え、否定派の意見を聞くことで今後予測できる障害やそれへの対策などを考える材料になる

Trainer / Instructor Handbook　113

疑似体験	・良い事例、悪い事例を疑似体験し、良さ・悪さを実感してもらう（例：部下指導の研修の場合、「お手本となる上司」と「ありがちな間違いを犯している上司」のシナリオを作成し、上司役・部下役のセリフを、感情を込めて読む） ・体験することによって感情移入が可能になる
フィードバック	・研修参加者本人に、パーソナルなフィードバックを得る機会を提供する（例：リーダーシップ研修においてあらかじめ部下にアンケートをしてその結果を参加者に伝える） ・「あなたはここが素晴らしい。ここをこう改善したら、もっと良くなる」というフィードバックを提供すると大きなインパクトがあることが多く、即行動を変えようという意識につながることが期待できる

インストラクショナルデザインの具体例

インストラクショナルデザインを組み立てる

　これまでのポイントを実際の研修デザインに活かすと、115ページのようになります。次の5点が網羅されていることを確認してください。
　①研修目的をKSA（知識、スキル、態度・姿勢）に分類し、表現する
　②参加者について分析を行う
　③20分を単位として大まかなコンテンツを決める
　④20分の中に、CSR（コンテンツ、参画、リビジット）を組み込む
　⑤90分の内容に対するオープニング、クロージングを決める

　ここでは、90分の場合のインストラクショナルデザインを紹介しています。3-2で「90/20/8の法則」を紹介しましたが、半日や終日、2日以上にわたる研修の場合も、90分を単位にその構成を考え、組み立てます。116ページに、インストラクショナルデザインのフォーマットを添付していますので、実際に研修をデザインする際に活用してください。

114

インストラクショナルデザイン（例）

研修テーマ	フィードバックスキル
目的 　　　K 　　　S 　　　A	●フィードバックの目的、伝える内容、伝え方を理解したうえで、実際の場面を想定してフィードバックの内容を決められるようになる ●相手に対するプレゼントになるように、伝えることができるようになる ●相手の成長をサポートするために積極的にフィードバックしようと思う
参加者	フィードバックをすることで相手を傷つけたりしないか不安がある フィードバックをする時、相手が理解してくれたかどうかわからない

予定時間	内容	手法
0:00～0:15 （15）	オープニング ●講師のフィードバックについての体験談を話し、良いフィードバックをすることの大切さを実感してもらう	体験談共有
0:15～0:35 （20）	●フィードバックの目的 ●フィードバックの原則 ▷事実・言動と印象を区別する演習	講義 グループワーク
0:35～0:55 （20）	●フィードバックの内容 ▷自分のケースでフィードバックの対話を準備する ▷用意したケースを3人組で共有する	講義 個人ワーク グループワーク
0:55～1:15 （20）	●フィードバックスキル練習 ▷3人組で練習 ▷振り返り	スキル練習とフィードバック 個人ワーク ディスカッション
1:15～1:30 （15）	クロージング ●今後への活用を検討	個人ワーク グループでシェア

インストラクショナルデザイン　フォーマット

研修テーマ	
目的 　　K 　　S 　　A	● ● ● ● ● ●
参加者	

予定時間	内容	手法
0:00〜0:15	オープニング	
0:15〜0:35		
0:35〜0:55		
0:55〜1:15		
1:15〜1:30	クロージング	

3-4

構成順序を考える

　時間配分を決め、伝えるべき研修コンテンツを組み立てた
ら、次はそのコンテンツをどのように並べるか「構成順序」
を考えていきます。

　「研修参加者の知識・経験がバラバラでどこに焦点を当てる
か困る」「講師である自分よりも知識のある人が参加者にい
る」——これらは講師特有の悩みでしょう。しかし、こうし
た問題点は、構成順序を工夫するだけで解消することができ
ます。

　以下では、その考え方を見ていきましょう。

**本項の
Key word**

「理論から始めない研修」
「EAT」
「参加者を尊重する」
「過去の経験や知識を活用」
「最初に課題に取り組む」

Trainer / Instructor Handbook　117

「理論から始めなければいけない」という大きな勘違い

講師の役割への誤解

・今度社内研修で講師をすることになっているが、参加者の中には、私より社歴の長い人がいる
・新製品の発売に向けての勉強会で講師をする予定だ。今回の製品は新分野だが、社内に数人その分野に詳しい人がいる。私よりその人たちの誰かが講師をすれば良いのに、なぜか参加者として名を連ねている
・いつも研修参加者の知識・経験レベルがバラバラ、どこに焦点を当てて話せばいいのか困る

　これらは講師特有の悩みでしょう。
　対策はそれぞれのケースで異なる点はあるものの、これらの悩みには共通している点があります。それは、**「講師が情報提供する」という前提に立っているから起きる悩み**だという点です。
　次は参加者の立場から考えてみましょう。
　もし、講師が「情報提供する立場」であるならば、次のように感じる参加者がいるのではないでしょうか。

・「そんなこと、あなたに言われなくても知っている。あなたより私のほうが詳しい」
・「なぜ今さらこんな基本的な研修を受けなければいけないのかわからない」
・「レベルが低すぎて得るものがない」
・「落ちこぼれそうで気が重い」
・「難しくてついていけない」

118

このように感じながら研修に参加しなくてはいけない参加者も気の毒ですが、「参加者の中にこのように感じている人がいるのではないか」という不安を抱えて研修を実施するのは、講師にとっても非常に大きなプレッシャーです。
　このような事態は、インストラクショナルデザインを工夫することで回避できます。以下ではその具体的な考え方を見ていきます。

「理論から始めなければいけない」という思い込みを排除する

「講師が情報を提供する」という思い込みと同様に捨てるべき思い込みがあります。それは、**「研修は理論や理屈から入る」**というものです。

　リーダーシップについて学ぶ研修を例にすると、理論や理屈から入る研修とは次のような構成です。

理論・理屈から入るリーダーシップ研修（例）

①リーダーシップとは何か、リーダーの役割とは何か、リーダーに求められることなどの基礎知識についての講義【理論・理屈】

②上記の講義を行う中で、途中、もしくは講義が一通り終了した後、参加者がそれぞれの考えや経験を話し合う

③リーダーシップを発揮するために、今後、自分たち（参加者）が行っていきたいことをグループワークでまとめる

　この構成の問題点を具体的に考えてみましょう。
　まず、研修参加者は、確かにリーダーシップについて学びに来ているのでしょうが、リーダーシップについての知識が皆無であることは考えられ

ません。これまでリーダーシップ研修に参加したことはなかったとしても、日常生活の中でリーダーシップについて考えたり、何かで見聞きしたりしたことはあるでしょうし、これまでの自分の上司のリーダーシップを見た実体験もあるでしょう。

　後輩に対して自分がリーダーシップを発揮する場面もあったでしょうし、自分なりのリーダー像をもっている人もいるかもしれません。

　つまり、**参加者は何らかの知識や経験をもち合わせている**のです。

　この前提に立つと、講師が「リーダーシップとは……」と理論・理屈を解説すると、先ほど挙げたような「そんなこと、あなたに言われなくても知っている。あなたより私のほうが詳しい」「なぜ今さらこんな基本的な研修を受けなければいけないのかわからない」などのような感情が参加者の中に生まれても不思議ではありません。

「リーダーシップ研修」という事例を元に考えると、他にも次のようなネガティブな感情が生まれる可能性があるでしょう。

・「それはわかるけど、現実にはそんなリーダーはいないのでは？」
・「おっしゃることは理想だけど、現実は忙しすぎてなかなかそんなことはできない」
・「実際には反面教師のようなリーダーが多いから、自分がこういう動きをしようとしても阻止される気がする」
・「うちの会社にはあまり合わない考えではないだろうか」
・「個人的にはもっと○○なリーダーのほうが良いと思う。100％賛同はできない」

　こうしたネガティブな感情が生まれると、研修で学ぶ理論が受け入れにくくなってしまいます。

　それでは、研修を通じてリーダーとしての行動変容を促すのが難しくなってしまうのは、明らかでしょう。

理論から入らない研修をデザインする

理論から入らない研修の2つのパターン〜EAT〜

では、理論から入らない研修とはどのようなものでしょうか。
構成順序について検討しましょう。

理論から入らないデザインにするには、EATの順でデザインします。

◎ EAT をデザインする
E（Experience）：経験
⬇
A（Awareness）：気づき
⬇
T（Theory）：理論

理論の説明の前に「**経験**」し、「**気づき**」を促し、最後に解説・補足で「**理論**」です。なお、ここで言う「経験」には、大きく2つのパターンがあります。**①過去の経験や知識を活用してもらう方法**と**②研修の場で実際に体験してもらう方法**です。
では具体的にその2パターンを見ていきましょう。

パターン① 過去の経験や知識を活用してもらう方法

リーダーシップ研修を例にすると、「これまでに出会ったリーダー」について最初に話してもらうという手法が、これに当たります。
理論の説明をする前に、参加者の過去の経験を話してもらい、それに対

Trainer / Instructor Handbook　121

して補足の形で理論の説明をするという研修デザインです。

　他にも、すでにもっている知識を活かして、最初に課題に取り組んでもらう方法も考えられます。個人でもグループでもいいのですが、まず課題に取り組んでもらい、その答え合わせをするという形で理論の解説を行います。
　講師からの理論の説明が最初にあると、受け身になったり、「そうとも限らない」などと一部否定的になる可能性が高まるのに対し、課題に対する答え合わせという位置づけになると参加者の受け取り方はまるで違ってきます。
　知識をもっていればいるほど、自己肯定されることになります。そのため、「知っていることを聞かされる」という意識は生まれにくく、「正解した！」という前向きな感情が生まれやすくなります。また、間違った箇所については、意外性などの感情とともに、記憶に残りやすくなるというメリットもあります。

　最初に課題に取り組んでもらうには、以下のような手法が考えられます。

〈最初に課題に取り組んでもらう手法〉

クイズ	○✕クイズ、選択肢の中から正解がどれかを考えるクイズ、オープンな質問に対して答えを考えるなど、様々な方法が可能。配布資料を見ずに取り組むやり方もあれば、配布資料を読んで答えを探すというやり方も考えられる
間違い探し	そのトピックについて書かれている文章を用意し、その文章の中に数か所、間違った情報を入れておき、どこが間違いなのか、なぜ間違いなのか、正しくは何なのかを考えてもらう
キーワード予想	空欄を埋める形式の配布資料で、空欄に入る言葉を予想してもらい、その後で正解を示す
問題を解く	これまでに学んだことや、もっている知識を使って、課題に対する解決策を考えてもらう。これから学ぶ内容を活用することで、より良い解決方法が見つかる、という流れにすることで納得感が高まる
ケーススタディ	説明してから問題やケーススタディに取り組んでもらうことが多いが、それを最初に行ってから解説するという順序にする

リーダーシップ研修に当てはめると、次のような構成になります。

◎**過去の経験や知識を活用した研修デザイン**

〈例〉**リーダーシップに関する研修**

①これまでに参加者が出会ったリーダーで、良いリーダーだと思った人、もしくは、良くないリーダーだと思った人を思い浮かべてもらう

↓

②思い浮かべた人について、良い・良くない要素が何だったのかを、グループ内で共有し、その後全体に共有してもらう

↓

③各グループからの発表を受けて、講師が準備していた講義内容（リーダーシップとは何か、リーダーの役割とは何か、リーダーに求められることなど）を紹介する。その際、各グループからの意見と一致することを確認し、一致しない点や抜けていた点について補足する形で説明する

　参加者にとっては、まず自分たちが出した意見を肯定されることになるので、その後に講師から出てくる少し違った見解や自分たちが思いつかなかった視点というのを、受け入れやすくなります。

　これは、第1章で述べた「学習の法則」の2番目「**人は自分が口にしたことは受け入れやすい**」に則ったデザインです。

パターン②　研修の場で実際に体験してもらう方法

　理論の説明を聞く前に、研修の場でまずは体験してもらい、そこから気づきを得たり、その後の説明につなげたりするデザインです。

　たとえば、チームワークに関する研修を例に考えましょう。
　この手法を用いると、次のような研修デザインが可能になります。

Trainer / Instructor Handbook　123

◎研修の場で実際に体験してもらう研修デザイン

〈例〉チームワークに関する研修

①チームでひとつの目標を達成することが求められるようなグループワーク
を行う

⬇

②ワークの後、うまくいった点やいかなかった点、その理由や重要性などを
振り返る

⬇

③良いチームワークを発揮するために必要なことを考え、参加者全体にシェ
ア（発表）する

⬇

④各グループからの発表を受けて、講師が準備していた講義内容を紹介する。
その際、各グループからの意見と一致することを確認し、一致しない点や
抜けていた点について補足する形で説明する

　基本的には、最初に課題に取り組んでもらうパターンと流れは同じです
が、大きく異なるのが、その場で体験するという点です。**疑似体験であっ
ても、何かを実際に体験することで得られるインパクトはより大きくな
り、話を聞くよりも、体験したことのほうが記憶に残りやすい**というメリ
ットもあります。

　大人になればなるほど、理屈で物事を理解したり、説得したりしようと
しがちではないでしょうか。

　ですが、**「学習者は大きな身体をした赤ちゃんである」**という「学習の
法則」(1-2) にもあるように、**大人も、子ども同様に体験から得るものは
大きい**のです。

　また、この研修デザインでは、**頭ではわかっていても、実際に行動が伴
わない、スキルの習得には至っていない場合、参加者自身がそれを自己認
識することができます。**「できているつもりでも実際にはできていない」

124

ことを、他人に指摘されるのはいい気持ちがしませんが、体験を通して自己認識できれば、受け入れやすくなるものです。

　実際に体験してもらう方法としては、先に挙げたグループワークの他に、以下のような手法が考えられるでしょう。

〈研修の場で実際に体験してもらう手法〉

ロールプレイ	一般的には理論などを説明した後にロールプレイを行うことが多いが、それを最初に行ってもらうデザイン。学習前なので、うまくいかない可能性が高いため、「課題の確認」や「現状チェック」と位置付けるなど、自尊心を傷つけない配慮が必要
何かの作業を実際に行ってみる	シミュレーションや何らかの操作などを最初に行うデザイン。ケガなどの危険を伴わないことが前提。注意点はロールプレイと同じ

理論から入らない研修デザインを機能させるポイント

　このようなデザインにすると、参加者から講師とは異なる意見が多く出たらどうしたらいいだろうなどという不安を抱くかもしれません。参加者の反応が想像できず不安に感じる方もいるでしょう。
　トピックによって多少の差異はあるものの、100%一致はしないにしても、100%ずれた意見ばかりが出てくることも考えにくいものです。
　ここで、こうした構成の研修を機能させるうえで重要なポイントを3つで紹介します。

◎理論から入らない研修を機能させるポイント

①自己肯定されることによる受け入れやすさ
→講師から「○○とはこうあるべき」と言われる分量をできるだけ減らす

- 参加者からの発言内容のうち7〜8割は講師と見解が一致していた場合、その部分を肯定する。それにより講師から提供される残りの2〜3割の異なる見解が受け入れやすくなる
- 一致している7〜8割という数字も、「グループAから出さなかった見解をグループBが出す」などのように、その日の参加者の意見を集約する。講師が発した言葉よりも、他の参加者という自分に近い立場から出た意見のほうが共感しやすくなる

②「べき論」で話さない
→「べき論」ではなく具体的な事例を聞く

- 最初の問いかけを、「あなたが考える良いリーダーとは？」とするのではなく、「これまでに出会ったリーダーで、良いリーダーだと思った人は？」とする
- 「良いリーダーとはこうあるべき」という話し合いをしてもらうと、参加者同士、さらには参加者と講師の間でも、意見の相違が生まれやすくなり、対立が起こりやすくなるため、具体的な事例を元に話を進める

③自分の成功談や失敗談を話してもらうのは避ける
→自分の話ではなくて過去の第三者の事例をとりあげる

- 「これまでに出会った人」という過去の第三者を話題にする
- 通常の研修では、なかなか本音で話しづらく、自己開示が難しいため、参加者自身が自分の成功談や失敗談を話すのは、ハードルが高い

理論から入らない研修のメリット

　理論から入らないデザインにすることで、冒頭に挙げた講師のよくある悩みや、参加者に生まれる否定的な意見や感情を抑えることが可能になります。

　また、過去の経験を振り返ることで理論の裏付けができる、受け入れやすい、記憶に残りやすい、対応が難しい参加者が生まれにくくなるなどのメリットを紹介してきましたが、他にも以下のようなメリットがあります。

◎**理論から入らないことのメリット**

　●**知識レベルがバラバラの際に、底上げすることができる**

　　課題に取り組んだり、一緒に体験をしたりする中で、自然と知識や経験の豊富な方が周りに教えることになる。その結果、講師が理論を説明する前に、知識レベルの底上げがなされるので、どこに焦点を当てて話せば良いかという悩みが軽減される。

　●**研修全体の時間短縮になる**

　　理論から入らないデザインのほうが研修全体の時間が短縮できる。理論の説明から始めると、落ちこぼれをつくらないようにするため、懇切丁寧な指導や言い換えなど、冗長な説明になりやすくなる。また、否定的なコメントの対応に思わぬ時間をとられることもある。

　　しかし、「理論から入らないデザイン＝参加者の発表を受けて、講師が補足のコメントをする」という位置付けとなり、講師の解説はポイントのみの簡潔な説明で済み、全員が理解している点は省略することもできる。否定的なコメントに対して冷や汗をかきながら対応しなければならない場面もなくなる。

理論から始めるデザインが向いている研修とは

理論から始めたほうがいい2つのケース

　これまで見てきたように理論から入らないデザイン、つまり、過去の経験や知識を活用してもらう方法、研修の場で実際に体験してもらう方法はとても汎用性が高く、メリットも多いものです。

　しかし、次の2つの状況においては、理論から入るデザインのほうが適切と言えるでしょう。

〈理論から始めるデザインが向いているケース〉

知識も経験もまったくない	・参加者の予備知識・経験がゼロの場合、まずは理論の説明から始めることが効果的（課題に取り組んでもらうなどの体験を取り入れても、成功しないから） ・ただし、過去の経験を引き合いに出すことができる場合（新任マネジャー研修：「上司になったことはないけれども、過去に出会った上司はたくさんいる」など）は、これには含まれない
危険を伴う場合	・基礎知識を身に付けてからでないと、失敗し、さらには危険を伴うような内容である場合、理論学習から始めることで、基礎知識を身に付け、そのリスクを回避する

　この場合でも、「90/20/8」の法則に則って、一方的なレクチャーにならないようにデザインしましょう。問いかけたり、予想してもらったりすることで、一方的なレクチャーを双方向的なものに変えることもできます（6-2参照）。

Trainer / Instructor Handbook　129

Column

わざと失敗させる研修デザインは効果的か

　最初に取り入れる体験を、意図的に成功しないような難易度に設定したり、あえて予備知識がない段階で失敗を経験させることもあります。「うまくいきませんでしたね。だからこの研修でしっかりと学びましょう」——こうした流れのデザインは、効果的でしょうか。

　学ぶ必要性を感じるから動機付けになるという意見もあるかもしれませんが、大人の学習という観点からは賛同できません。最初に自尊心を傷つけることになるためです。

　そういう意味では、失敗の可能性が高い体験から始めるのは避けるべきでしょう。

　くり返しになりますが、知識も経験も、まったくゼロの場合、体験してもらっても失敗する可能性が高まります。そうした場合は、最低限必要な知識を身に付けたうえで、成功体験を積み上げていくほうが学習効果は高まると考えられます。

3-5

研
修
を
組
み
立
て
る

オープニングとクロージングを
デザインする

　研修デザインを考えるうえで欠かせないのが、オープニングとクロージングです。

　参加者の学ぶ意欲を高め、学習効果を最大化させるうえで、オープニングとクローニングの果たす役割は、非常に大きくなります。

　しかし特にオープニングは、お決まりの事務局からの挨拶から始まるパターンが多いのも現実です。

　では、一体どういったものがオープニングとして適切なのでしょうか。また、クロージングでは何を伝えればいいのか、脳のしくみに合わせた効果的なデザインの仕方を見ていきます。

本項の Key word

「オープニング」
「過度な緊張状態」
「ネットワーキング」
「アイスブレイク」
「自己紹介」
「クロージング」

Trainer / Instructor Handbook　131

脳のしくみに合わせたオープニング、クロージングをデザインする

スタート15分に対する誤った思い込み

　　研修開始時刻の数分前。参加者はほぼ全員着席しています。講師は前方の講師用テーブルで待機し、後方には事務局の担当者が残り数人の到着を待っています。話をする人はほとんどなく、緊張感が漂っています。

　　開始時刻になり、参加者が全員揃いました。

　　そして、事務局の担当者が口火を切ります。

「皆様、本日はお忙しいところお集まりいただき、ありがとうございます。今日は○○研修ということで17時半終了予定です。せっかくですので、ぜひ充実した１日になるよう積極的にご参加ください。お昼休みは12時ごろを予定しています。また、携帯電話はマナーモードにしていただき、研修中に電話などで退席することはできるだけお控えくださるようご協力をお願いいたします。では本日の講師をご紹介します。本日の講師は……」

　　紹介を受けた講師は話し始めます。

「ただいまご紹介いただきました○○です。本日はどうぞよろしくお願いいたします。今日は皆様とご一緒できるのを楽しみにしてまいりました。私の自己紹介を簡単にさせていただきます。私は……（以下略）。それでは、研修の目的と今日の内容の確認をいたします。まず今日の研修の目的ですが、３つあります。１つ目…」

こうした一連の流れで講師が研修目的やアジェンダの確認を終えるころには、開始時刻から15分ほどが経過しているでしょう。

そして、このお馴染みの15分が経過した後、参加者がお互いに自己紹介をする場面があり、ようやく少し場の空気が和む——というのがよくある研修のオープニングの流れでしょうか。

場合によっては講師紹介の前に、役員など「立場が上の方」が研修参加者に期待することなどを数分間話すこともあるかもしれません。

こうした「冒頭の15分」に苦手意識を抱く講師は多いでしょう。部屋の中の緊張した空気を早く変えたいのに、最初のこの「儀式」が終わるまではどうにもできません。

同時に、研修のオープニングとはこういうものなのだから仕方ないと思い込んでいる方も多いのではないでしょうか。

ですが、その思い込みは、学習効果という観点で考えると大きな誤りです。

本項では、効果的なオープニング、クロージングのデザインを見ていくことになりますが、まずはこうした典型的なオープニングにどのような問題点があるのかを考察します。

脳は最初と最後の情報を記憶する

たとえば、5つの重要ポイントの説明を聞いた後、5つのうちどれを覚えているでしょうか。

マインドマップを開発したことで有名なトニー・ブザンがその著書（「Use Both Sides of your Brain」）で述べていますが、**人は最初と最後は記憶しやすい**のです。最初のポイントと最後のポイントを覚えている人は多いけれども、2〜4という真ん中の部分を記憶している確率は低くなるのです。

最初と最後が記憶に残りやすいのであれば、研修では、そこに最も重要で記憶に留めてもらいたい情報が入るような構成にするのが良いということになります。**研修参加者にとって重要で意義のある内容を、研修の最初と最後に入れる**のです。

　いわゆる典型的な研修開始の風景では、事務連絡、講師の略歴が、記憶に留まりやすい貴重なスポットを奪っていることになります。研修参加者にとって、その日の学習として持ち帰ってほしい重要な内容は、もっと他にあるはずです。

　冒頭は、「本当に大切な内容」をインパクトある形で入れるようにします。必要な連絡事項や講師の自己紹介は、一段落したところで行えば十分なのです。

過度な緊張状態にある脳は学べない

　ストレスや過度な緊張状態にある脳は学習能力が低下します。冷や汗が出たり、早く終わってほしいと思ったりしているようなストレスや緊張状態の中では、効果的な学習ができないのです。

　こうした脳のしくみから考えると、よくある研修のオープニングの別の問題点が見えてきます。

　研修開始時は講師のみならず、参加者も緊張していることが多いものです。どんな参加者が来ているのだろうか、自分はついていけるだろうか、講師はどんな人だろうなどと不安材料は数多くあります。

　そうした緊張感のある空気は早い段階で和らげましょう。そして、**落ち着いて学習に集中できる状態をつくるのが講師の役割**なのです。

　こうした脳のしくみを踏まえて、以下ではどのように研修のオープニングをデザインすれば効果的かを考えていきます。

オープニングのデザインのポイント

オープニングに入れるべき３つの要素

　オープニングは、次の３つの要素を満たすように構成しましょう。

　以下の３つの要素を満たし、インパクトのあるオープニングを行うことで、参加者がすぐに研修に集中でき、不必要な緊張感を取り除き、スムーズに研修を開始することができます。

〈オープニングの要素〉

①参加者の最大の関心事を打ち破る	・研修開始時刻になり、参加者は会場にいるものの、頭の中は別のこと（最大の関心事）で溢れている可能性が高いため、研修に関係ないことを考えるのを中断し、研修に集中してもらう必要がある ・研修に関係ないことを考えるのを中断し、研修に集中してもらうには、**参加者自身が能動的になること、つまり、考えたり、書いたり、話したりしてもらう** ・研修の冒頭に、講師が一方的に話す時間が長ければ長いほど、その最大の関心事を打ち破るのは難しくなる
②ネットワーキングを促す	・ストレス状態や緊張状態は効果的な学習の妨げになる ・周りの人との関係性ができていないうちは、そのような緊張状態が続くことになるので、オープニングの早い段階で参加者同士が話をする機会をつくる
③研修内容に関係がある	・②の必要性から参加者間のネットワーキングを促すような「アイスブレイク」を行うことが多いが、それを研修内容と関係のあるものにすることも重要

　特に③に関しては、チーム内で自己紹介してもらう場面などに工夫が必要です。

　たとえば、「自分を動物にたとえると何か」というテーマで自己紹介をしてもらうとします。様々な動物が登場し、色々なエピソードが聞ければ、自己紹介としては盛り上がるかもしれません。

Trainer / Instructor Handbook　135

ですが、「動物にたとえる」ということと、これから始まる研修のトピックにつながりが見えなければ、単に盛り上がるだけのアクティビティになってしまいます。それでは、時間のムダだと感じる参加者も少なくないでしょう。

　研修のテーマが部下育成だとしたら、「自分をたとえた動物を部下にもったとしたら、上司としてどう接するのが効果的かアドバイスする」という課題をつけて自己紹介してもらうとどうでしょうか。楽しい要素のある自己紹介でアイスブレイクとしてネットワーキングを促しながらも、部下育成という研修テーマに関連性をもたせられるでしょう。

　これら3つの要素（**①参加者の最大の関心事を打ち破る**、**②ネットワーキングを促す**、**③研修内容に関係がある**）を満たしたオープニングをどのように構成するか、以下では、その実例をいくつか紹介します。

オープニンをデザインする

効果的なオープニングのパターン

オープニングの効果を高めるうえで最も典型的なパターンとしては下記のような順序が考えられます。

◎**典型的なオープニングのパターン**
　①研修内容と関連性があり、インパクトのあるアクティビティやクイズ
　②研修目的やアジェンダ、進め方などの説明
　③グラウンドルールの確認
　④参加者同士の自己紹介
　⑤講師の自己紹介

オープニング全体で、**１日の研修であれば20分程度**を使うイメージです。

３時間など短時間の研修でも５分〜10分程度はオープニングの時間をとります。その際、①は短い時間でできることを工夫し、③や④は省くことも可能です。

それぞれの概要を138ページの表にまとめます。

以下では、特に工夫が必要な「①のオープニングのアクティビティ」と、「④の参加者自己紹介」について詳しく見ていきます。

Trainer / Instructor Handbook　137

〈オープニングのパターン　具体例〉

①研修内容と関連性があり、インパクトのあるアクティビティやクイズ	・アクティビティ例①　プレイヤー対マネジャー ・アクティビティ例②　封筒ストーリー ・アクティビティ例③　ウォーターダンベル ・その他、研修内容と関係したクイズを用意し、グループで答えてもらうなどといった工夫をする
②研修目的やアジェンダ、進め方などの説明	・研修の目的に対して、内容がどうリンクしているかについて伝える他、終了時刻や途中の休憩時間などもアナウンスする ・スケジュールを事前に伝えることで、参加者の途中の離席を防ぐ効果がある
③グラウンドルールの確認	・「新しいことでもオープンに話す」など、研修を充実させるための依頼を伝え参加者の了解を得る ・参加者自身にルール設定してもらう方法も有効（296ページ参照） （例）グループで2つ決めるなど自己責任として設定して自主的に運営してもらう
④参加者同士の自己紹介	・ペアもしくは5〜6人のグループで自己紹介をする ・全員がひと言ずつ行う自己紹介はオープニングには適切ではない
⑤講師の自己紹介	・口頭で紹介する以外に、プロフィールを掲示したり配布したりするのも可 ・研修を行うのにふさわしい知識や経験をもっていることが伝われば、参加者の安心や信頼につながる

オープニングの工夫例

アクティビティを工夫する

　オープニングの効果的なアクティビティとして3つの方法を紹介します。
　なお、ここで紹介するようなアクティビティの代わりに、研修内容と関係のあるクイズをいくつか用意しておき、グループで答えを考えてもらい、それに解説するというのも使いやすい方法のひとつです。

◎アクティビティ例①　プレイヤー対マネジャー

〔対象となる研修〕
- 主に新任管理職向けの階層別研修
- 研修テーマのひとつは、プレイヤーからマネジャーとしての役割への移行

〔アクティビティの内容・進め方〕

| ①「トッププレイヤー」と聞いて思い浮かべる人の名前を書いてもらう（スポーツでもビジネスでも可） |

| ②書いた名前をグループ内でシェア |

| ③次に「成功したマネジャー」と聞いて思い浮かべる人の名前を書いてもらう（スポーツでもビジネスでも可） |

| ④同様に、書いた名前をグループ内でシェア |

| ⑤それぞれどんな名前が挙がったかを全体でシェア |

| ⑥次に「プレイヤーとしては成功したけれども、マネジャーとしては成功しなかった人」を挙げてもらう |

| ⑦最後に「マネジャーとしては実績があるけれども、プレイヤー時代は無名だった人」を挙げてもらう |

| ⑧「プレイヤー」としての成功と、「マネジャー」としての成功は別物であることを確認 |

| ⑨ビジネスではここまで「プレイヤー」として成功したからこそ、マネジャーに昇格した今日の参加者の皆さんには、マネジャーとしても成功するために何をすべきかを考える1日になる、という趣旨のコメントをし、研修の目的やアジェンダを説明 |

◎アクティビティ例②　封筒ストーリー

〔対象となる研修〕
・コミュニケーションスキル系の研修
・効果的なコミュニケーションを行うには、こちらから投げかける質問の質が大きく影響するということがテーマのひとつ

〔事前準備〕
- 会話のスタートの言葉は同じでも、最初に発せられた言葉に対して相手がどう答えるかによって、その後の会話の展開は大きく異なる。その答え方と後続の会話を何通りか用意しておく。
（例）失敗の報告をしてきた部下（A）に対する上司（B）の発言を3つのパターンから選択する
  ⅰ「そうか。まずは早急に報告してくれてありがとう。何が一番の原因だったと自分では分析している？」
  ⅱ「それは厳しいなぁ。私としても何としても成功させたかった案件だったからなぁ。なぜもっと早く相談してくれなかったの？」
  ⅲ「だからあの時、アドバイスした通りに動けば良かったのに。で、どうするつもり？」
- 上司Bの発言に対し部下Aの反応を3パターン用意しておき、パターンⅰを選んだら「封筒ⅰ」に入っている上司Aの次の言葉を確認する、パターンⅱを選んだら「封筒ⅱ」、パターンⅲを選んだら「封筒ⅲ」など、該当する封筒を開けると次の展開があるように会話の展開を仕込んでいく

〔アクティビティの内容・進め方〕

①各グループに封筒を配布し、プロセスを説明する

②会話の最初に発せられた言葉に対してⅰⅱⅲのどれを選ぶかをグループで話し合い、該当する番号の封筒を開けて、次の指示を確認してもらう

③最終的にどういう展開の会話になったかを確認する

④効果的なコミュニケーションのカギがどこにあったかを考えてもらう

⑤その後、研修の目的やアジェンダを説明する

◎**アクティビティ例③　ウォーターダンベル**

〔対象となる研修〕
　・コミュニケーションスキル系の研修
　・同じ言葉を発しても、TPOや発言者の立場などによって、その発言の影響が大きく変化するというのがテーマのひとつ

〔事前準備〕
　ウォーターダンベルを2つ用意し、片方は水を満タンに入れておく

〔アクティビティの内容・進め方〕

①2人で空のウォーターダンベルを、ボールのように軽くキャッチボールしてもらう

②次に2人で水の入ったウォーターダンベルを、同様にキャッチボールしてもらう

③空のものとは重みが違うことを体感して確認する

④同じ言葉（同じダンベル）を渡しても、その重みが変わることがある。上司にとっては何気ない一言でも、受け取る部下にとっては、ずっしりと重みがあったりすることがある。空のダンベルを気軽に渡したつもりでも、相手にとっては水が満タンでずっしりとしたダンベルかもしれない、という趣旨を伝える。その後、研修の目的や内容を説明する

効果的な自己紹介の進め方

　自己紹介は緊張感の少ない、少人数でスタートすることをお勧めします。

　最小単位はペアで、5～6名のグループでもいいでしょう。**最初は少人数の中で自己紹介し合ってもらい、徐々にグループを超えて話す相手を増やしていく**ことで、ストレスのない学習環境づくりができます。

　なお、最初に全員がひと言ずつ自己紹介するという方法をよく見かけますが、これは効果的とは言えません。

　ストレス状態にある脳では、効果的に学習できません。研修開始時の緊張感のある空気の中で、全員の前で自己紹介するということは、多くの人にとってとても緊張し、ストレスを感じることであり、脳にとってはあまり良いことではないのです。

　さらに、たとえば20人の参加者がいたとして、自分が12番目だった場合、1番から11番の人の自己紹介の間は、自分が何を話すのかを考えているのが一般的です。自分の番が終わってホッとして、15番目の人くらいからようやく冷静に聞ける状態になっても何ら不思議なことではないでしょう。つまり、15番目までの人の話は、ほとんど耳に入ってこないのです。

　もし、緊張したり自分の話す内容を考えたりせずに、他の人の話を聞くことができたとしても、自分以外の19人の自己紹介の内容がどれだけ記憶に留まるかを考えると、疑問が残ります。1人30秒でも20人いると合計で10分間。こうして考えてみると、10分という時間をかけるだけの価値がある情報が得られるでしょうか。

　慣例として、最初に全員の自己紹介を行っているのであれば、その効果を改めて検証したほうが良いでしょう。

学習効果を高めるクロージング

脳に記憶させたい情報は何か

　オープニング同様に大切なのが、クロージングです。なぜなら、脳は最初と最後の情報を記憶するからです。しかし、多くの研修のクロージングは、その役割を果たせていないのではないでしょうか。

　効果的なクロージングを考える前に、よくある研修終了時の流れを検証します。

　「では今日の研修のまとめをいたします。今日皆さんにお伝えしたことは、大きく４つ、ありました。１つ目が…、２つ目が…」と講師が今日の重要ポイントをまとめます。

　そして「学んだことを学びっぱなしにせず、職場で実践していくことが大切です。皆さんには以下の３つのことを実践してもらいたいと思います。１つ目…。２つ目…。３つ目…。明日から、どれかひとつでも良いので行動に移してください。皆さんの今後の成果に期待しています。本日はありがとうございました」と講師がしめくくり、参加者が拍手。

　その後、事務局からの連絡事項が続きます。

　「皆さん本日はお忙しい中、貴重なお時間をいただきありがとうございました。今、お話があったように、今後の実践が大切です。忘れないうちに今日の内容を振り返っていただき、必ず職場で活用なさってください。最後にアンケートをご用意していますので、ご協力をお願いします。ご記入が終わった方から退出していただいて結構です」

Trainer / Instructor Handbook　143

この時点で研修終了予定時刻を2分ほど過ぎていることが多いでしょう。そのため、次の予定がある参加者は慌ててアンケートを記入して、バタバタと会場を後にします。

　オープニング同様、あまりにもよくある光景なので、これが効果的かどうか、他にどんなやり方があるのかなど、考えたこともないという方もめずらしくないかもしれません。ですが、くり返しになりますが、**脳は最初と最後の情報を記憶する**のです。
　この典型的なパターンだと、最後の情報は、「自分がアンケートに記入した内容」ですので、それを記憶する確率が高まります。
　講師に対してのコメントや、こんな情報をもっと学びたかったなどという内容が印象に残ることになるのは、学習効果という観点ではとてももったいないことです。

効果的なクロージングとは

　研修はイベントではなくプロセス。そして、研修が終わってからの実践こそが重要です。
　参加者自身が何をどう実践していくかを考え、発言してもらうことをクロージングとしましょう。
　「**人は自分が口にしたことは受け入れやすい**」ので、講師が「これが大切なので、こう実践しましょう」と参加者に伝えるのではなく、**参加者自身が考え、決め、それを書いたり発言したりすることが重要**なのです。

144

時間の目安としては、１日研修の場合15分〜30分、３時間研修の場合でも10分程度のクロージングを確保します。

クロージングをデザインする

　クロージング全体の流れで、最も典型的なパターンとしては下記のような順序がお勧めです。
　最後の⑤については、重要ポイントの要約をくり返して伝えるのではありません。たとえば、講師自身がこのスキルを学んだ後の成功体験を話したり、実践後の成功がイメージできるようなエピソードを紹介します。
　それによって、**研修という場と現実の職場が結びつき、実践に向けて具体的なアクションやイメージをもって終了することができます。**
　そして、それこそが記憶に残るポイントとなるので、学びを実践する確率が高まります。

```
◎クロージングの流れ
①一通りのコンテンツが終了したところで、アンケートに記入してもらう
```

```
②その日の研修内容や、今後の実践に向けて自分自身が考えたことを振り返り、整理する個人ワークの時間をとる
```

```
③理解の確認などを行いたい場合は、全体を通しての理解度チェッククイズなどに取り組んでもらう
```

```
④今後何をどう実践するかを、グループ内など何らかの形で発表してもらう
```

```
（ここで終了しても良いが、状況によっては最後に）
⑤最後に講師から、その日の重要ポイントと関連性があるメッセージや体験談などを話して終了する
```

Trainer / Instructor Handbook

各単元のオープニングとクロージング

各単元の学習効果を高めるコツ

　ここまで、オープニングとクロージングのデザインについて、注意点と具体的な方法を紹介してきました。

　オープニングとクロージングは、研修の冒頭と終了時において非常に重要なことはすでに述べた通りですが、研修の中でトピックが変わる際にも、オープニングとクロージングが学習効果を高めます。

　たとえば１日の研修で、大きく４つの単元がある場合には、研修全体のオープニングとクロージングとは別に、各単元のオープニングとクロージングを行うということです。

　各単元のオープニングでは、もちろん自己紹介などは必要ありません。**その単元の内容と関連性があり、インパクトのあるアクティビティやクイズ**などを行う。さらに、クロージングでは**内容や今後の実践に向けて自分自身が考えたことを振り返り、整理する個人ワーク**の後、**理解度チェッククイズ**などに取り組んでもらったり、**今後、何をどう実践するかをグループ内など何らかの形で発表**してもらったりして終了するということになります。

　研修終了時にすべての振り返りを行おうとしても、すでに短期記憶は忘れ去られている可能性もあります。それでは、クロージングの振り返りは、とても浅いものとなってしまいます。

　それに対して、単元ごとにこうしたクロージングを行い、頻繁にリフレクションしたり、書き留めたりすることで、記憶への定着を助けることができ、研修終了時のクロージングが、より充実したものになるのです。

◎各単元の学習の流れ

①オープニング
　単元の内容と関連性があり、インパクトのあるアクティビティやクイズ

②単元の学習

③クロージング
　今後の実践に向けて、自分なりに学習内容を考え、整理したうえで、下記のようなリビジットを行う
　　・理解度チェッククイズ
　　・何をどう実践するかグループ内で発表してもらう

3-6

脳を活性化し、学習効果を高める

　第3章ではここまで、研修の設計図にあたるインストラク
ショナルデザインについて検討してきました。インストラク
ショナルデザインの最後に、脳の活性化について考えましょ
う。

　眠い時より頭が冴えている状態のほうが効果的な学びが実
現します。頭が冴えているというのは血流が良く、脳が活発
に活動している状態です。では、そのような状態をどのよう
につくり出すのか、以下では4つのパターンに分けて見てい
きます。

**本項の
Key word**

「脳の活性化」
「体を動かす」
「動作を取り入れる」
「脳を刺激する」
「場所を変える」

脳の活性化を研修デザインに組み込む

脳を活性化させる4つの方法

　インストラクショナルデザインにあたっては、いかに頭が冴えた状態を保ち、効果的に学んでもらうかを考慮することが重要です。
　では、どのようにすれば頭が冴えた状態、つまり脳を活性化できるのでしょうか。
　脳を活性化する方法としては、①体を動かすこと、②脳を刺激すること、③食べ物や飲み物の活用、④場所を変えるという4つのパターンが考えられます。
　以下では、1つずつ見ていくことにします。

脳を活性化させる方法① 体を動かす

体を動かすことの重要性

脳の重さは通常、体重の２～３パーセント程度ですが、エネルギー消費は体全体の約20%にあたるといいます。

そのため、**冴えた頭を保つためには、血流が良い状態を保ち、脳に新鮮な酸素を送り続ける必要がある**のです。その効果的な方法が、「体を動かすこと」です。

また、適度な運動が体の健康に良いだけではなく、脳にも良いということもよく知られた事実でしょう。

こうした脳のしくみを、研修に取り入れていきましょう。

研修＝座りっぱなしという固定観念はないか

とは言え、実際に体を動かすセミナーはそう多くないのが現実です。

開始から終了まで、休憩時間以外はずっと座りっぱなしということも珍しくないかもしれません。配布資料や備品など何か不足しているものがあって取りに立とうとすると、慌てて後方から事務局の担当者が走って持ってきてくれる、飲み物やお菓子などもあらかじめテーブルに配られていたりするなど、とにかく立つ機会が少ない研修が頻繁に見受けられます。

体を動かす機会と言えば、グループで何か発表する際に、発表者が立って発言することくらいでしょうか。

これはおそらく、「授業中、先生の話はじっと座って聞くもの」という固定観念が影響しているのでしょう。

しかし、学習の効果という点から考えると、**頭が冴えた状態を保つために、研修中にもっと体を動かしたほうが良い**のです。

特に、昼食後は眠くなる時間帯です。こうしたタイミングや、午後の疲れがたまってきた時間帯で軽く体操をするなどして、眠気覚ましをする場面もよく見かけます。あるいは、体を動かすゲームなどを取り入れることで、場の空気を和ませ、眠気を覚まそうとしている講師は多いかもしれません。眠気を覚ますという意味では、確かに有効です。

しかし、もっと効率良く、もっと自然に体を動かして脳を活性化することもできます。その方法を具体的に紹介します。

体を動かして脳を活性化する方法① 立ち話

最もお勧めしたいのが、「立ち話」です。

研修中、ペアやグループで話をする際、立った状態で話をしてもらいます。話している間のほんの2〜3分でも、立つことで血流が良くなり、頭が冴えてきます。

脳の活性化のためにわざわざ体操の時間をとるわけではなく、**話をするという、通常、研修の中で行うことに「立つ」という動作を加える**だけなので、余分な時間をかける必要がありません。

これは経験知ですが、座って話すより立って話すほうが、話が短時間で終わることが多いようです。座ると「腰を落ち着けて話す」といった雰囲気になりやすいためかもしれません。つまり、**立って行うことで、「話し合いをする」という行為の効率化や時間短縮になる**のです。

たとえば、次のページのような方法が考えられるでしょう。

「授業中、先生の話はじっと座って聞くもの」という考えが、無意識のうちにあるため、立ち話をしようと思っていても、すぐに椅子を引き寄せて座ろうとする人もいます。

話し合いの内容とともに、「立ち話でお願いします」と明確に伝えましょう。なぜ立って話すのか不信感をもつ参加者がいる場合は、「脳の活性化のため」という意図を伝えると納得してもらえる可能性が高まります。

Trainer / Instructor Handbook 151

◎立ち話で脳を活性化させる方法例

①グループの誰かとペアになり、与えられたトピックについて話す際に、座らず、立ち話をする。時間になったら(あるいは、話が終わったら)自席に戻る

②グループディスカッションの際、各グループで使用するホワイトボードなどをグループのテーブルからは少し離れた位置に置いておく。話し合いの際、全員がそのホワイトボードの場所へ移動して、立ったまま話し合いを行う

③上記の応用で、ホワイトボードではなく、模造紙などを使用する場合、その紙を貼る位置を、あえてグループのテーブルから離れた場所に指定する。そこに全員が集合して話し合いを行う

体を動かして脳を活性化する方法②　ワークに立つ動作を取り入れる

　他にも、ワークを行う際に立つ動作を取り入れることで、脳を活性化できるでしょう。

　たとえば、次のような方法です。

◎ワークに立つ動作を取り入れる方法例

①個人ワークやグループワークなど、何か課題に取り組む際、終了した人・グループには起立してもらう。全員・全グループが終了して起立したら、全員着席する

②①の逆で、まず全員に起立してもらう。グループワークの内容を伝え、立ったまま実施してもらう。終わった人・グループは着席する

③各グループがホワイトボードなどにまとめた内容を、各グループの代表が全体に向けて発表するのではなく、研修参加者全員が、各グループのホワイトボードを見て回る。全グループのものを見たら、自席に戻る

　なお、このように「終了したら立つ」、あるいは「終了したら座る」というルールをつくることで、時間管理がしやすくなるという副次的な効果があります。周りの人が終わっているのが見えるため、進度が遅い人・グループに焦りが生まれるためです。

　したがって、講師が「まだ終わらないグループは少し急いでください」などと言わなくても、参加者が自発的にペースを速める可能性が高まるのです。

脳を活性化させる他のコツ

体を動かす以外で脳を活性化させるには

　前のページで紹介した「体を動かす」以外でも脳を活性化させることができます。概要を次の表にまとめます。

　こうした方法をとり入れ、話し合いやワークの詳細、時間配分などをデザインしていくことで、参加者の脳を冴えた状態に保ち、学習効果を高めることができます。

脳を刺激する	・クイズなどに取り組んでもらって脳を刺激する。頭を使うことで、脳への刺激になり、活性化される （例）休憩が終わって再開する時などに、豆知識のようなクイズなどを出題し、参加者に考えてもらう
飲み物・食べ物の活用	・疲れた時に何かを飲んだり食べたりする。脳はエネルギーを消費するため、適度な摂取が必要 ・研修中のおやつというと、チョコレートなどの甘いものに偏りがちだが、ナッツ類やドライフルーツなど、体に優しいものもうまく活用する
場所を変える	・場所を変えてリフレッシュする ・環境が許す範囲で、グループワークや個人ワークなどを場所を移動して行う（例：後方の空きスペースにグループディスカッション用のテーブルを設置する、「分科会」のように別室を用意しておいてワークの際に移動する、状況が許せばロビーや談話室、外（庭など）に出てワークを行う）

第4章

講師・インストラクターの基本スキル
～基本のデリバリースキル、ツールを身に付ける～

Trainer / Instructor Handbook

4-1

会 場 設 営

　第３章では、研修の設計、インストラクショナルデザイン
を見てきました。研修で教えること、研修の内容が固まった
ら、いよいよ研修当日を迎えることになります。

　そこで４章では、研修を行ううえで欠かせない講師・イン
ストラクターの基本スキルを概観していきます。

　最初にとりあげるのは会場設営。物理的な制約などの事情
もあるかもしれませんが、会場設営は学習効果に非常に大き
な影響を及ぼします。どのような点を工夫すれば学習効果を
高められるのかを考えていきましょう。

本項の Key word

「スクール型」
「シアター型」
「コの字型」
「ボードルーム型」
「島型」
「円卓型」

会場設営の基本

会場設営は参加者へのメッセージ

　数年前、ある区役所でホスピタリティ研修を担当した時のことです。

　研修開始５分ほど前に、ある参加者の方が会場に足を踏み入れたところで急に立ち止まりました。

「え？　今日は何をするんですか？」

　そう言いながら、後ずさりして部屋のドアのところまで戻って行く様子を目撃しました。

　その日の会場は図４-５（160ページ）のように設営してありました。

　特にユニークな設営だったわけではなく、よく見る「島型」と呼ばれる設営です。ですが、区役所の研修は通常「スクール型」（図４-１）で行われているため、先生の話を聞くつもりで会場に来た参加者は、研修会場を見た瞬間に、「いつもとは違って座って聞いていればいい研修ではないらしい」という無言のメッセージを受け取り、驚いたのでしょう。

　研修会場の設営だけで、その日の研修のメッセージが伝わります。

　学習効果を高めるためにも、目的、テーマに合った会場設営を選びましょう。

　以下では、**代表的な５つの設営方法（①スクール型、②シアター型、③コの字型、④ボードルーム型、⑤島型、⑥円卓型）**とその特徴を整理していきます。

設営方法①　スクール型（図４-１）

「研修」と言えばこの型を思い浮かべる方も多い、典型的なセッティングです。

　メリットは、**スペースに対して比較的多くの人数の席をつくることがで**

Trainer / Instructor Handbook　157

きること、**会議室などではこれが標準の設営になっていることが多いため、設営に時間をかけなくて済む**ことが挙げられます。

デメリットや注意点としては、**グループをつくりづらくなるので、グループディスカッションやグループワークの際に工夫が必要なこと、どうしても参加者が受け身になりやすい**ことです。

ただし、5-5で詳しく解説しますが、スクール型だからグループワークが不可能というわけではありません。

物理的な制限で参画してもらうことをあきらめないよう注意してください。

設営方法② シアター型（図4-2）

スクール型との違いは、テーブルがなく、椅子だけであることです。

この会場設営のメリットは、**スクール型よりさらに多数を収容することが可能**であることです。そのため、イベントなど多数の参加者が見込まれる場合によく見かける設営です。

デメリットとしては、テーブルがないので、**メモをとったり何かを書**

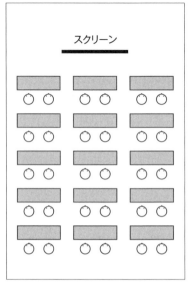

図4-1　スクール型

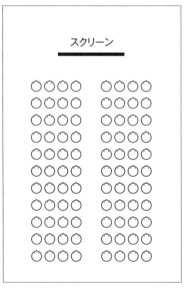

図4-2　シアター型

いたりしづらい点が挙げられます。

設営方法③　コの字型（図4-3）

　この形式の最大のメリットは、**講師から全員に目が行き届く**という点です。また、講師が参加者の席に近づきやすいため、講師のコントロールが強くなり、**講師対参加者の対話がしやすい**形と言えます。

　デメリットとしては、物理的にも心理的にも参加者同士の対話がしづらい点です。講師からのコントロールが強く、コミュニケーションの方向が講師と参加者の間になりやすいため、**参加者同士の対話がしづらくなる**かもしれません。

　コの字の設営にする場合は、参加者同士の対話の時間や場所を工夫しましょう。

設営方法④　ボードルーム型（図4-4）

　図4-4はボードルーム（役員会議室）などを使う場合の設営イメージです。テーブルの形はコの字型とは異なりますが、その特徴は似ています。異なる点としては、コの字型よりも講師が各参加者の席に近づきづらい点です。

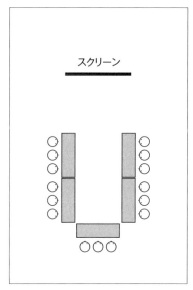

図4-3　コの字型

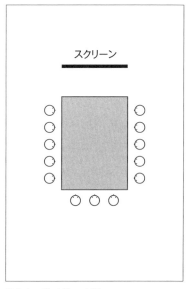

図4-4　ボードルーム型

役員会議室は、重厚感のある家具が配置されていることも多く、雑然としたオフィスから切り離され、集中して取り組むことができます。ただ、講師は後方から参加者に近づくことになるため、**視線や接近がストレスになる**可能性もあります。

設営方法⑤　島型（図4-5）

5～6名で1グループとし、そのグループごとの島を配置する方法です。

メリットは何と言っても**グループワークやディスカッションがしやすい**点で、冒頭に書いたエピソードのように、島型の設営にしておくだけで、「今日の研修は参画型である」というメッセージになります。

デメリットとしては、スクール型などに比べてスペースが必要なこと、配置の仕方によっては講師から死角に入ってアイコンタクトがとりづらい人が出てしまうことです。視界については、次の円卓を使った設営でさらに解説します。

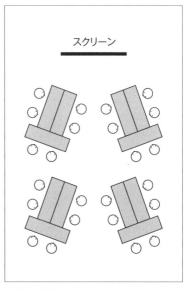

図4-5　島型

設営方法⑥　円卓（図4-6）

島型と似ていますが、円卓を使うとこのような配置になります。

円卓に配置する椅子は等分に配置するのではなく、このように**スクリーン側の3分の1から半分くらいは空けて配置**します。

この型のメリットは、島型ではできてしまいがちな、**講師からの死角が**

ほぼできないことです。また、参加者同士の視線も真正面で向き合うことがありません。真正面で向き合うと、対立関係になりやすく、信頼関係を構築するには少し斜めの角度が良いという点からも理想的な配置です。

　デメリット・難点としては、円卓のある設備があまりないということです。ホテルであればこうした円卓を借りられるところが多いのですが、一般の会議室には非常に少ないでしょう。

　もし円卓を使える環境の場合、さらに配置を図4-7のようにすることをお勧めします。
　図4-6との違いは、スクリーンの位置です。図4-7のようにスクリーンを斜めに置くことで、講師の基本位置を部屋の中心にとることができます。一方、図4-6のように、スクリーンが中心にあると、その前に講師が立つと投影した際に邪魔になるため、脇によける必要が出てきます。講師が中心の位置を自由に活用できる図4-7の配置のほうが講師と参加者との対話がしやすくなります。

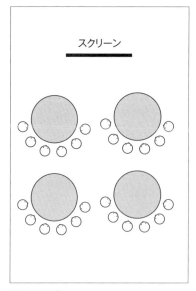

図4-6　円卓

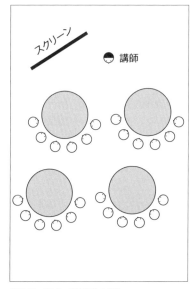

図4-7　円卓（理想的な型）

〈会場設営のメリット、デメリット〉

	メリット	デメリット
①スクール型	・比較的多くの人が収容可能 ・設営に時間がかからない	・グループワークに不向き ・受け身になりやすい
②シアター型	・スクール型以上に多くの人数を収容できる	・メモをとったり、何かを書いたりしづらい
③コの字型	・講師から全員に目が行き届く	・参加者同士の対話がしづらい
④ボードルーム型	・特別感がある	・講師が参加者に近づきづらい ・後方からの視線や接近がストレスになる
⑤島型	・グループワークが容易 ・参加者同士の対話がしやすい	・スペースが必要 ・講師の死角に入る参加者が出る
⑥円卓	・講師からの死角がほぼない ・参加者同士の対話が容易	・円卓のある会場が少ない

会場設営の注意点

研修のテーマ、目的に合わせた会場設営が重要ですが、どの方法を選ぶにしても、特に以下の4点には注意を払いましょう。

①スペースに余裕をもたせる

どの型で設営するにしても、スペースには余裕をもたせましょう。

大人の学習には、物理的なストレスがないことが非常に重要です。一度座ったら二度と立てないようなプレッシャーのかかる狭さでは、快適な学習空間とは言えません。

また、立ったり、他のグループの方との対話を行ったりすることを考え

ると、テーブルとテーブルの間は通行できるスペースの確保が必要です。

②出入り口の位置は部屋の後方に

　出入り口は、部屋の後方になるように設営しましょう。

　どうしてもやむを得ない理由で、途中で出入りする人もいるかもしれません。そうした場合、前方にあると非常に目立ってしまいます。またオブザーブの人の出入りなども気にならないよう、出入り口は後方が基本です。

③参加者の席以外に設置が必要なスペース

　参加者が使用する椅子とテーブル以外にも、以下のものは必ず設置が必要です。つまり、これら3つのものが設置できるスペースが必要だというわけです。

〈設置が必要なスペース〉

リフレッシュメント用テーブル	飲み物やお菓子類などを置いておくスペース
参考図書置き場	その日のトピックに関連するお勧めの書籍を展示し、自由に見てもらうスペース
文具置き場	付せんなどの文具の予備を設置するスペース

④設営の時間には余裕をもつ

　冒頭に述べた例のように、会場の配置だけでその日の研修がどのようなスタイルで行われるか、どのような姿勢で臨んでほしいかというメッセージを送ることができます。また、無機質になりがちな会議室や研修会場に、カラフルなグッズや手書きのチャートが貼ってあるだけで、場が和む効果も期待できるでしょう。

　会場設営は、学習効果を高める環境をつくるうえで、非常に重要な役割を果

Trainer / Instructor Handbook　163

たします。そのため、余裕をもって設営が終えられるように計画しましょう。

　研修開始ギリギリに駆け込んで設営し、研修開始時刻を迎えることは避ける必要があります。オープニングの効果、ひいては研修全体の効果に悪影響を与える可能性もあります。

　慣れていない会場であれば、なおさら時間に余裕をもって準備を進めます。参考までに、私自身は、はじめての会場で研修を行う場合、可能な場合は前日に設営を済ませます。もし当日になる場合でも、開始1時間前には会場に入るようにしています。

Column

時間に余裕をもつことの大切さ

　以前、ある企業ではじめて研修を担当した時のことです。

　はじめての場所、はじめてのクライアント、さらに外部の研修施設を借りての研修ということもあり、研修開始1時間前には会場に到着していました。事務局の担当者もその時刻に来ることになっていましたが、姿が見えません。鍵がかかっていて、中に入ることもできません。

　そしてあっという間に30分前。参加者も集まり始めましたが、担当者の姿はまだ見えません。結局、担当者が現れたのは、研修開始予定時刻ちょうどでした。しかも、会場の鍵もプロジェクターやその他の備品なども、担当者が持ってくることになっていたのです。つまり、開始予定時刻になってようやく中に入ることができ、設営を開始するという最悪のスタートでした。

　外部研修機関からの依頼で引き受けた仕事だったため、私自身、クライアントに会うのは研修当日がはじめてだったことなど、様々な事情が重なっていたのですが、それにしてもひどい経験でした。

　ここまでひどい経験はそうそうないかとは思いますが、部屋に入ってプロジェクターとパソコンの電源を入れたら、すぐに研修が開始できるわけではありません。会場設営は研修の場づくりの大切な要素です。時間に余裕をもって設営を行い、落ち着いた状態で研修のスタートを待ちましょう。

4-2

講師・インストラクターの7つ道具

　参画型で活気のある研修を行うためには、研修のデザインもファシリテーションも大切ですが、物理的な環境も重要な役割を果たします。研修会場の設営については、4-1で紹介した通りです。

　続いて4-2では、講師・インストラクターが、参画型の研修をするのに役立つ7つ道具を紹介します。

　参画型の研修を行ううえでの必需品とも言えますので、ぜひ準備しておきましょう。

本項の Key word

「リモートマウス」
「ピンマイク」
「タイマー」
「音楽」
「エナジーチャイム」
「フリップチャート」
「水性ペン」

講師・インストラクターの基本スキル

Trainer / Instructor Handbook 165

参画型の研修を助ける7つ道具

講師と参加者の距離を近づけるには

　会場前方に設置されている演台。そこに講師のパソコンがあり、講師はパソコンの前でスライド操作を行っています。参加者に様々な問いかけを行ったり、グループディスカッションの時間を設けたりして、参加者の発言を促しています。しかし、今ひとつ場の空気が温まらない──。

　ここで大きな問題として考えられるのは、**講師と参加者の間の距離**です。まず前提として、**参画型の研修を行うためには、講師は演台やパソコンから離れて、部屋の中を自由に移動できる態勢をつくる必要があります。**パソコンの前から動かずにずっとスライド操作をしているのでは、参加者との距離感は縮まりません。

　研修の場面で、講師の自由度を高め、参画を促す強力サポートツール──講師・インストラクターの7つ道具を以下で紹介します。

7つ道具①　リモートマウス

　スライド操作をするリモコンです。スライドを送る・戻すという基本動作にポインターがついているものを使っている方をよく見かけますが、他にも次のページの機能もあるものがお勧めです。参考までに、私は、「コクヨ 赤色 レーザーポインター」を愛用しています。

コクヨ 赤色 レーザーポインター
品番：ELA-MRU41
画像提供：コクヨ株式会社

〈リモートマウスに必要な機能〉

ブラックアウト	・スライドは必要な時は見せ、必要ではない時は「ブラックアウト」（画面を真っ暗にすること）させる（人は明るいものに反応するため、スライドが投影されている時は、講師ではなくスライドに視線がいくため） ・①ポイントとビジュアルを大きく示したスライドを投影→②解説→③数十秒後にはブラックアウト→④次のスライドに移る際にまた投影する、といった使い方をするため、リモートマウスには、「ブラックアウト」機能があると便利
マウス	・後述のスクリーンに表示するタイマーを使う場合など、マウス操作ができると便利
音楽アプリの操作	・音楽については後述（168ページ参照）するが、音楽のスタートや停止などがリモコンで操作できると、パソコンの場所に行かずに済むため便利

　なお、レーザーポイントを多用する場合、ライトは緑色のほうが目に優しく、お勧めです。

7つ道具②　ピンマイク

　マイクはワイヤレスのほうが便利なのはもちろんですが、ピンマイクだと両手がフリーになるので、さらに便利です。

　リモートマウスを持って操作する、ホワイトボードに何かを書く、ジェスチャーをする、タイマーをセットする、ワークブックなど資料を持つ、付せんに書いて貼り出すなど手を使うことは多いものです。

　片手がハンドマイクでふさがっていると、いったんマイクを置いて何かの動作をする必要があり、その間、マイクを使って話すことを中断せざるを得なくなります。一方、ピンマイクだと両手が常にフリーですので、中断する必要がなくなります。

7つ道具③　スクリーンに表示できるタイマー

　ディスカッションやワークの時間を管理するために、タイマーを使います。

Trainer / Instructor Handbook　167

キッチンタイマーを利用している人をよく見ますが、キッチンタイマーだと、参加者と時間を共有することができません。

そこでお勧めなのが、パソコンにインストールできるタイマーのソフトです。下記のように画面に表示し、スクリーンに投影することで、参加者にも残り時間が見える状態になります。時間が見えると、参加者自身が時間を意識してワークを進めることができるので、時間管理が楽になります。また休憩時間も、残り時間を表示することで、時間通りに戻ってきてもらえる確率が高まります。

私自身はボブ・パイク・グループが作成したタイマーソフトを使っていますが、フリーソフトもあるようですので、探してみてください。

タイマー表示例（スクリーン表示にする）

7つ道具④　音楽

グループディスカッションやグループワークの時に、BGMを流します。

音楽のリズムが会話のリズムに好影響を与え、テンポ良く対話するサポートになる、音楽によって周りのグループの声が遮断され、自分のグループの対話に集中できる、といった効果があります。テンポの良い対話を促進したいので、スロー過ぎる音楽（たとえばヒーリング音楽など）はお勧めしません。

その他、音楽を選ぶ際には、次の3点に注意が必要です。

◎**音楽を選ぶ際の注意点**
- 誰もが知っている曲は避ける
- 言葉が入っていないものを選ぶ
- 使用手続きが不要なものを選ぶ

7つ道具⑤　エナジーチャイム

　終了の合図などに使うチャイムです。
　よく見かけるのが、半球の形の呼び出しベルですが、それよりお勧めなのが、エナジーチャイム（下記）です。
　これはヨガなどでも使われる楽器なので、音がとても優しく澄んでいます。グループワーク終了やこちらに注目してほしい時の合図などに使用していますが、耳障りな感覚がなく好印象です。

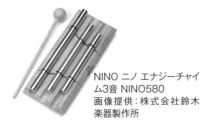

NINO ニノ エナジーチャイム3音 NINO580
画像提供：株式会社鈴木楽器製作所

7つ道具⑥　フリップチャート

　イーゼルと呼ばれることもありますが、大きな紙をつるして使うスタンドです。その紙はイーゼルパッドと呼ばれます。

　ホワイトボードとは異なり、書いた紙を切り取って壁に貼ることで、書かれた内容を残しておくことができます。**大切なコンセプトなどはポスターのように掲示しておくことで、何度もその内容を見て確認や振り返りが可能**です。この点は、過去のページを投影し続けることができないスライドとも大きく異なる

フリップチャート
品番：
BB-GT32W4W4FCN3
画像提供：コクヨ株式会社

でしょう。

　グループに１台ずつフリップチャートがあると、グループディスカッションの内容などを記録し、残しておくことができるので便利です。また、研修のアジェンダや、グラウンドルールなども、壁に掲示しておくと、いつでも確認ができます。

　ホワイトボードでの代用も可能ですが、残しておけないこと、ペンについての遊びがない点がホワイトボードの難点です。

　可能であればフリップチャートの導入を検討してみてください。

７つ道具⑦　カラフルで太い水性ペン（12色セット）

　前述のフリップチャートを使用して、イーゼルパッドに書くためのペンです。油性だと裏写りするので、水性のものを用意します。裏写りしないものであれば、イーゼルパッドを壁に貼り、そこに直接書くことでフリップチャートなしで活用することもできます。

　ペンと言えば、通常、黒、青、赤の３色が定番です。実用的ではありますが、事務的な印象を与えかねません。

　それに比べて12色セットが各グループにあると、部屋にカラフルなペンで書かれたものが掲示されることになり、それだけで部屋の雰囲気が和らぐ効果があります。

4-3

講師・インストラクターの基本動作

　学校の授業を思い出してみてください。

　教科の好き・嫌いよりも、先生の好き・嫌いが、その教科が苦手か得意かを決めていたという方も少なくないかもしれません。

　実は、大人の学びにおいても同じようなことが言えます。学び方のスタイルは1人ひとり異なりますが、「誰から教わるか」というのは、学習効果を大きく左右する要素のひとつなのです。

　そこで本項では、「この人から学びたい」と思われるような講師・インストラクターになるための基本動作を考えていきます。

本項の Key word

「基本姿勢、立ち方」
「立ち位置」
「ジェスチャー」
「アイコンタクト」
「表情」

講師・インストラクターの基本動作

講師の印象が学びの質を左右する

人の第一印象はわずか数秒間で決まると言われます。

当然、研修の場でも、参加者は講師について何かしらの第一印象をもちます。どれだけ素晴らしい研修のコンテンツを用意していても、第一印象が良くないと、やはり残念ながら、学習効果にも悪影響が出る可能性があるでしょう。

学び方に対する好みは人それぞれで、中には、「誰に教わるかがとても重要。信頼できる相手からではないと学びたくない」という方がいるからです。

この人から学びたいという気持ちになってもらえるよう講師としての印象を良くしましょう。それが参加者に信頼されるための第一歩となります。

特に以下の7点について基本の確認を行います。

◎講師・インストラクターの基本動作

①基本姿勢・立ち方
②立ち位置
③歩き方・動き
④ジェスチャー
⑤服装
⑥アイコンタクト
⑦表情

基本動作①　基本姿勢・立ち方

　背筋を伸ばし、両足に重心を置き、足は肩幅を目安に自然な幅に開いて立ちます。そして、顎を引き、両手は両脇に力を抜いて下ろします。

　これが、ビジネスプレゼンテーションでもおなじみの基本姿勢です。

　あまりに基本で、当たり前のように聞こえるかもしれませんが、研修の現場では緊張から癖が出てしまうなど、この基本姿勢がなかなかできない方も少なくありません。

　よくあるのが以下のようなケースです。

◎姿勢・立ち方の NG 例

- **両手を握っている。さらにその手が、もみ手のように動いている**
  へりくだりすぎた印象を与える可能性があります。また手が動いていると目障りです
- **腕組みをしている**
  心を閉ざした印象、上から目線の印象を与える危険性があります
- **足をクロスして立っている**
- **背筋が伸びていない**
- **猫背になっている**
- **何かの道具や資料を持って、それをずっと触ったり動かしたりしている**

　リモートマウスなどの道具や、資料を手に持つ場面も多いでしょうが、資料は手に持ってはいけないということではありません。道具や資料は、使う時には手に持ちますが、使っていない時には、どこかに置いて手をフリーにしましょう。ずっと持っていると、無意識にそれを触ってしまい、目障りな動きになる可能性があります。

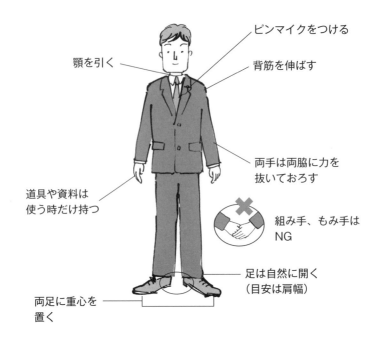

基本動作② 立ち位置

　講師の立ち位置は、161ページ（図4-7）のように、**前方の中心が理想**です。演台や講師用テーブルから離れて前へ出て、参加者に近い位置を基本位置としましょう。

　自分の利き手側にスクリーンやパソコンなどがあると、指示やパソコン操作がしやすくなります。なお、以下は右利きの人の場合の位置関係です（図4-8）。

　基本の立ち位置を決めたら、できるだけ死角に入る参加者がいないよう、会場設営の確認をします。それでも、どうしても死角に入ってしまう人がいる場合は、基本の立ち位置から前後や左右に時々移動し、全員とアイコンタクトがとれるようにします（図4-9）。

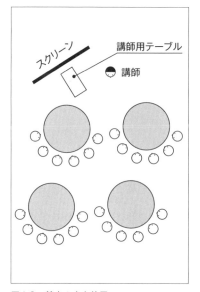
図4-8 基本の立ち位置

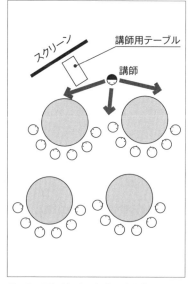
図4-9 死角ができる場合の立ち位置

基本動作③　歩き方・動き

　基本の立ち位置を決めておくことは、講師にとっても参加者にとっても安心感につながるので大切ではありますが、ずっとそこに立ちっぱなしであることも良くありません。アイコンタクトをとりやすくしたり、変化をつけたり、あるいは、グループディスカッションやグループワークの様子を見に行ったりするために、部屋の中を移動しましょう。

　移動する際には、**目的地を決めて移動し、目的地で立ち止まり、また次の目的地まで移動し、止まる**、というようにメリハリをつけましょう。ただ歩き回っている状態だと、落ち着きのない印象になります。

　また、立っている時に無駄な動きをしていないか注意を払います。無駄な動きとは、無意識のうちに前後にステップを踏んでいたり、左右にふらふら動いているような状態です。これは落ち着きがなく見え、参加者はとても気になり、集中を妨げてしまいかねません。

基本動作④　ジェスチャー

　基本姿勢は、両手を両脇に自然に下ろしますが、ずっとそのままでは不自然です。話の内容に合わせたジェスチャーを使いましょう。
　ジェスチャーというのは、話している言葉を強調したり、視覚化したりするものです。たとえば、3つと言いながら、指を3本立てて示す、大きいと言いながら大きいものを表す手の動きを添える、というものです。
　一方、手に持ったペンをカチャカチャと鳴らす、髪をかき上げるなど、意味のない手の動きはジェスチャーではありませんし、避けるべきでしょう。

基本動作⑤　服装

　一般的なビジネスマナーとしての身だしなみの基準を満たした服装であることはもちろん重要ですが、講師・インストラクターとしての服装は、さらに次の点を考慮しましょう。

◎講師・インストラクターの服装

●参加者より1レベル上の服装

　事前に参加者やその組織の服装の方針や雰囲気を把握し、参加者よりも少しフォーマルな服装になるようにします。

　参加者より講師のほうがカジュアルというのは避けたいですが、カジュアルな服装の参加者の中、講師だけがかっちりとしたビジネススーツでは浮いてしまうかもしれません。いつでもビジネススーツが最適なわけではないので注意が必要です。

●プロフェッショナルな印象

　講師は人前に出るという役割ですので、多少の華やかさがあってもいいでしょう。社内講師であれば、普段の服装と大きく変える必要はありませんが、いつもより少しだけ「フォーマル感」があったり、自分自身にさらに自信がもてるような色を選ぶと好印象につながります。今日この場で講師を務めるのにふさわしい、プロフェッショナルな印象であるかどうかが重要です。

基本動作⑥　アイコンタクト

　アイコンタクトがあるかないかで、聞き手の受ける印象が大きく異なるのは、研修でも普段のコミュニケーションでも同じことです。

　アイコンタクトはできるだけ偏らずに、できれば**研修が終わるまでには参加者全員とアイコンタクトをする**ようにしましょう。

　視線を参加者のほうに向けてはいるけれども、誰とも目が合っていないケースがあるかもしれませんが、それではアイコンタクトになっていません。

　次の点を意識して、相手に届くアイコンタクトをとりましょう。

〈アイコンタクトの注意点〉
○一度に1人

相手が100人いたとしても、一度にアイコンタクトできるのは1人です。その瞬間はその1人に視線と意識を向けましょう。

○3秒～5秒停止する

スーパーで棚に並ぶ商品から、自分がほしいものを探すように、ざーっと視線を動かしても、アイコンタクトはできません。1人に目を向けたら、3秒～5秒停止して、その人としっかり

アイコンタクトします。文の区切りなどで次の人に視線を動かし、また3秒～5秒停止する、というのをくり返します。

○ジグザグ

前の人とアイコンタクトしたら、次は後ろ、右の人の次は左の人、というように、ジグザグ、ランダムに視線を動かしましょう。

アイコンタクトをとるのが怖い、という悩みを聞くことがあります。
緊張しているとなおさらそう感じるのでしょう。
そういう方は、はじめは「味方になってくれそうな人」からアイコンタクトをとることをお勧めします。よく頷いてくれている人、視線をこちらに向け、納得しながら熱心に聞いてくれている雰囲気の人、知り合いなど、講師自身が安心できる参加者を見つけ、最初のうちはそうした人にアイコンタクトをとるのです。そのうちにお互いの緊張がほぐれ、場の空気も和んできたら、意識的に他の人にアイコンタクトを移します。

参加者の立場からすると、講師とのアイコンタクトができると、発言、質問がしやすくなります。それは講師としても、研修を進行しやすい雰囲気になるということです。怖がらず、反応の良い方からでもいいので、少しずつアイコンタクトをとっていきましょう。

基本動作⑦　表情

　講師の表情も参加者の印象を決める大きな要素です。

　講師側の緊張や動揺が顔に出ていないでしょうか。表情から、講師の人柄や、参加者や研修への姿勢が伝わります。無表情では熱意は伝わりません。思いを込めて話す時には、目に力があるでしょうか。

　講師に笑顔があると、参加者は話しかけやすくなりますが、話しかけやすい表情になっているでしょうか。また、講師の笑顔は参加者に安心感を与えます。

　難しい課題に取り組む時や参加者の悩みや課題に耳を傾ける時には、参加者と一緒に真剣な表情になっているでしょうか。

　表情は無言のメッセージを送ります。常に見られていることを意識しましょう。

Trainer / Instructor Handbook　179

4-4

講師・インストラクターの話し方とコミュニケーションスキル

　前項では講師・インストラクターの動作について、その基本の確認をしました。

　基本動作の次に見ていきたいのは、声の使い方を含む、話し方、コミュニケーションスキルです。

　参加者に言葉を使って伝える立場である講師・インストラクターにとって、話し方、コミュニケーションスキルの向上は欠かせないものです。特に社内研修を担当している方にとっては少し難易度が高く感じるものもあるかもしれませんが、こうしたスキルは大きな武器になるものです。ぜひ自己研鑽を続けてください。

本項の Key word

「間」
「話すスピード」
「訓読みで話す」
「参加者とのコミュニケーション」

講師・インストラクターの「声」の使い方

身体をほぐす

　話し方、コミュニケーションスキルの前に、講師・インストラクターにとって欠かせない「声」の使い方を詳しく見ていきましょう。
　良い声を出すためには、身体をほぐすことから始めます。
　首や肩、背中の筋肉が凝り固まっていると、良い声が出ません。
　また、研修の日の朝、発声練習でウォーミングアップするのであれば、「あー」ではなく「おー」がお勧めです。「お」のほうが、喉が開き、お腹から声を出しやすいので、声を出すウォーミングアップには向いています。

声の使い方

講師・インストラクターにとって、**声は大切な「商売道具」**です。ぼそぼそと小さな声で話しても、参加者の興味を引き付けることはできません。

会場内の一番遠くにいる人にもしっかりと届く、響きのある声で、伝えたいメッセージをしっかりと届けましょう。

大きさ、トーン、抑揚と強弱について以下の点に意識して練習してください。

また、加湿器、マスク、喉に良いハーブティー、キャンデイなど、自分にとって最適な喉のケアを行い、いい状態で研修に臨めるようにします。

〈声の使い方のポイント〉

大きさ	・しっかりと全員に聞こえるように ・大声を張り上げるのではなく、腹式呼吸でお腹から声を出す（どういうことかわらない人は、専門のトレーニングを受けることもお勧め） ・会場の広さ、参加人数によってはマイクを使用する（無理をして地声で研修を行う必要はない） ・マイクは、ピンマイク（167ページ参照）を使用する ・マイクのボリュームは、抑え気味にすると参加者と講師との間に精神的な距離感が生まれづらい（パーティーの司会者のような大きなボリュームは不要）
トーン	・基本的には自分の一番自然なトーンで話す ・テンポ良く進めたい時は高いトーンで話す（高いトーンは明るく軽快な印象を与える） ・深く考えたり、真剣なメッセージを伝えたりする時には低いトーンで話す（低いトーンは落ち着いた印象で重要なことを話す時や真剣な雰囲気にふさわしい）
抑揚	・抑揚がないと棒読みに聞こえるため注意 ・問いかける時は文末を上げるなど、上げ下げを意識する ・強調すべきところは声を強くし、大切な点が相手に伝わるようメリハリをつける

話し方に関する4つのポイント

ポイント①　間を入れる

　適度な間をとることで、参加者の注意を引き付けたり、考えを促したりすることができます。

　間のない話し方では、聞き手は疲れますし、情報を整理する時間もないため、消化不良を起こします。結果として、「たくさん情報を受け取った気がするけど、まだ整理できていない」という状態のまま、研修を終えることになってしまうのです。短期記憶に一時保存されただけの情報はどんどん忘れ去られてしまう可能性が高まるというのはすでに述べた通りですが、学習した内容を記憶に定着させるためにも、間は欠かせないものなのです。

　特に次のような時は意識的に間を入れましょう。

◎間を入れるタイミング

- ●問いかけをした後
- ●重要な内容やインパクトを与えたい内容を言う前
- ●次のトピックに移る前
- ●講師の説明を聞いた後、参加者がまだメモをとり終えていない時

　参加者に問いかけをした後、反応が返ってくるまで何秒くらい待っているでしょうか？

「沈黙の時間が怖い」と言って、3〜4秒すると、質問をくり返したり、他の言葉で言い換える様子を見かけることがありますが、**投げかけられた質問を理解し、答えを考え、発言としてまとめるまでのプロセスに、脳は「12秒間」を要します。**

Trainer / Instructor Handbook　183

話し手からすると非常に長く感じる時間なのですが、参加者にとっては必要な時間なのです。

ポイント②　スピードに留意する

　緊張している時や時間が足りなくなってくると、早口になる人が多いようです。
　しかし、早口にまくしたてられても、参加者の理解が追い付きません。結局、時間内にすべて話し切ることができたとしても、参加者に届いていなければ意味がありません。
　また、普段からゆっくり丁寧に話す人は、逆に意図的に少し早める練習をし、使い分けましょう。ゆっくりすぎると、幼なく見えたり、研修全体が間延びしてしまったりするリスクがあります。
　話すスピードとして推奨されているのは、**日本語では１分間に300文字程度**（英語では１分間に平均110語〜160語）です。**頭の中では１分間で平均400〜500語を使って考えるため、考えを整理せずに思いつきで話すと、とても早口になる**ので注意してください。
　話すスピードと考えるスピードの差を埋めるためにも、ビジュアル（ス

ライド、4-5参照）を活用しましょう。スライドを活用しながら話をすると、講師の話に加えて、参加者には視覚からも情報が入ることになります。それが話すスピードと頭の中で考えるスピードのギャップを縮めることになり、参加者の集中が途切れにくくなります。

話し方のポイント③　無駄な言葉を入れない

「えー」「あー」などの音で言葉と言葉の間を埋めるのが、ここで言う「無駄な言葉」です。

　これは文字通り無駄なものなので、**こうした言葉を発する代わりに、音をなくしてください。**つまり、「**間**」を入れるのです。ポイント①で述べたように、間を入れることは、参加者の学習効果を高めることにつながるのです。

　こうした無駄な言葉は、自分で気づくのは難しいものです。そこで、自分が話している様子をビデオで録画したり、他の人からフィードバックを受けたりして、意識することから始めてください。

　一度意識したら、そればかりが気になってしまうという方もいます。しかし、アナウンサーではありませんので、むきになってゼロにする必要はないでしょう。

「参加者が気にならない程度に減らすこと」を目標にして練習してください。

ポイント④　言葉の選択、用語

　研修の場面で難しい言葉を使うことで、「知識が豊富だ」というイメージを与えられると錯覚しているのではないかと思う方を見かけますが、それは適切ではありません。

　参加者に通じない専門用語、カタカナ、難しい単語は使わないようにしましょう。

　日本語の場合、書き言葉に適した言葉と、話し言葉に適した言葉があり

Trainer / Instructor Handbook　185

ます。たとえば、次の2文を比較してください。

「顧客の購買心理に即したアプローチの実践が成功率を向上させる」

「お客様の購買心理に合わせたアプローチをとることで、成功率を高める」

　これらは同じ意味ですが、文字を見ずに音だけで聞く場合、どちらが理解しやすいでしょうか。
　おそらく、後者のほうが理解しやすいと答える方が多いでしょう。
　これは私の経験則ですが、音読みの漢字（顧客、即した、実践など）は難しい印象を与えるため、これを訓読みや平仮名での表現（顧客→お客様、即した→合わせた、実践→とる）に変えて伝えると、理解しやすくなります。

　また、参加者の組織、業界などで共通言語として使われている言葉があれば、講師もそれに合わせることで、距離感が縮まるかもしれません。
　たとえば、お客様、顧客、ゲスト、クライアント──どれも同じような意味を表す言葉ですが、参加者が「顧客」と普段から社内で使っていたら、講師も、クライアントやゲストではなく、「顧客」という言葉を使いましょう。

◎言葉の言い換えのポイント
- ●音読みは訓読みにする、平仮名を使って話す
（例）顧客→お客様
　　　　継続する→続ける
　　　　統率する→導く、率いる
　　　　奨励する→勧める、励ます

- ●参加者との共通言語を使う
　業界や組織内で使われる言葉を使って話す

> **Column**
>
> ## 自己認識が上達の第一歩
>
> 前項からここまでで見てきたこと（基本動作、声、話し方）は、まず自己認識ができていないと上達できません。
> 自己認識するには、自撮りがお勧めです。自分を客観的に見るには、自分の映像を見るのが一番です。スマートフォンやタブレットなど、簡単に動画撮影できるツールは身近にあると思いますので、ぜひ試してください。

講師・インストラクターのコミュニケーションスキル

特に必要なのは傾聴、共感

　講師・インストラクターの役割は、「講師・インストラクター 対 複数の参加者」という状態で講義を行い、メッセージを発信するだけではありません。参加者の発表を聞いたり、発表内容を受けて対話したりといった、**参加者とのコミュニケーションも講師の大切な役割**なのです。
　研修を行うためには、高いコミュニケーション能力が必要です。
　特に、「傾聴」と「共感」について、講師はロールモデル（お手本）であることが参加者からの安心感や信頼感につながります。
　次の会話例を比べてみましょう。

〈ケース①〉
参加者 「この研修、とても役に立つと思います。でも

> 難しいのが、私の上司はこんなコーチングをしてくれなくて……。だから、私が時間をかけて部下と対話をしていたら、『時間の無駄だ』と上司が口出しをするのではないかと思います」
> 講師　「そうなんですか。それは困ります。でも〇〇さんは勇気を出して実践してくださいね」

〈ケース②〉
参加者　「この研修、とても役に立つと思います。でも難しいのが、私の上司はこんなコーチングをしてくれなくて……。だから、私が時間をかけて部下と対話をしていたら、『時間の無駄だ』と上司が口出しをするのではないかと思います」
講師　「そうなんですか。せっかく学んだことを実践しようとしても、上司がサポートしてくれないどころか、邪魔されそうな**んですね**」
参加者　「そうなんです。そんなことだから部下が育たないなどと口にするんです」
講師　「上司が若手社員だったころには、まだこんな研修を受ける機会はなかったん**でしょうね**」
参加者　「確かにそうですよね。私も上司からこんなコーチング受けたことはありません。知っていたら活用したいと思うはずですが、どうしたら上司にわかってもらえるのでしょうか？」
講師　「研修で学んだことを上司に報告する機会は**つくっていますか？**」
参加者　「あ、それは確かに大切ですね」

ケース①のような講師の受け答えでは対話は続かず、「がんばりましょう」「実践してみてください」「あきらめないでやってみましょう」などという当たり前の言葉だけで終わってしまいます。

ですが、ケース②のように、**受け止め、共感し、傾聴を続けていくこと**で、参加者自身が対策を考えるように導くことが可能なのです。このような対応ができると、参加者はより講師を信頼し、研修の場がより充実したものになっていきます。

参加者の発言の中には、同意できないことや反論したくなるようなものもあるでしょう。そこで、「いえ、それは違います」「私は同意できません」などと講師が即答したら、参加者は発言しようという気持ちがなくなってしまうでしょう。**たとえ自分の考えとは異なる意見であっても、いったんは発言を受け止め、「彼・彼女は、なぜそう思うのか」を理解しようとする共感力**が求められます。

まずは、発言に対して、「受け止めてもらえた」「否定されない」という印象をもってもらうことが大切なのです。

そのうえで、共感できるところを見つけて共感を示し、見解の違う点については建設的な議論ができるようなコミュニケーションスキルを磨きましょう。

参加者と個別のコミュニケーションをとる

研修の場では、多くの場合、講師は1人で、参加者は複数です。20人、30人、もっといることもあるでしょう。講師にとって相手は20人かもしれませんが、参加者にとって講師は1人。「自分自身 対 講師」という関係なのです。

別の状況、たとえば接客する人とお客様に置き換えてみましょう。

接客するスタッフにとっては、20人のお客様かもしれませんが、1人ひとりのお客様から見ると、1/20の扱いではおそらく不満を抱きます。1対1の関係としてきちんと自分に向き合って接客してほしいと思うでしょう。

これを研修に当てはめて考えると、講師はどう振る舞うべきでしょうか。

休憩時間やちょっとした合間に、**参加者と個別にコミュニケーションを**

とったり、1人ひとりの発言に真摯に耳を傾けたりすることが必要なのは、こうしたところに理由があるのです。

　開始直前まで講師控室で待機する、休み時間はメールチェックをする、お昼休みは講師控え室で過ごし、終了と同時に片付けて会場を去る——こうした姿勢では、参加者1人ひとりと個別にコミュニケーションをとることはできないでしょう。

　参加人数が多いから無理、というのは言い訳です。

「全員と個別に」というのは物理的に難しいという状況はあるでしょうが、ゼロか100かという話ではありません。

　限られた時間でたとえ数人だけであったとしても、個別に声をかけ、コミュニケーションを図りましょう。これも、講師・インストラクターの重要な役割なのです。

　たとえば、研修開始前に早めに来ている参加者がいたら、「おはようございます。今日担当します○○です。よろしくお願いします」と声をかけて、次のように話しかけてみましょう。

◎**研修開始前の声かけの例**

- ●「早いですね！　いつも早起きなんですか？」
- ●通勤について（「お近くなんですか？」など）
- ●「普段はどんなお仕事をしていらっしゃるんですか？」
- ●「何人ぐらい部下がいるんですか？」
- ●「どんなお客様を担当しているんですか？」
- ●「今日は研修で何をやるって聞いて来られました？」
- ●（名札などが用意されている場合）「お名前、珍しい漢字ですね」
- など

　たとえば、普段の業務の様子や、社内の様子、この研修をどう受け止めてやって来る参加者がいるのかなどの情報は、研修を進めていくうえでも有益な情報となるでしょう。

　自分から積極的に声をかけていってください。

4-5

教材の準備

4-5で見ていくのは、研修の教材に関する事柄です。

教材と言えば、スクリーンに投影するものをそのまま印刷
したものを、参加者に配布しているケースが多いかもしれま
せんが、それは効果的ではありません。投影するスライドと
配布する教材（＝ワークブック）は、それぞれ異なる役割が
あるためです。以下では、スライドとワークブックの役割、
準備の仕方を見ていきます。

また、ホワイトボードやフリップチャートも研修の中で活
用したいツールです。

本項の Key word

「教材」
「スライド」
「ワークブック」
「ホワイトボード」
「フリップチャート」

講師・インストラクターの基本スキル

Trainer / Instructor Handbook　191

研修教材に関する大きな誤解

研修教材：スライドとワークブックの目的

　研修教材が学習にとって重要な役割を果たすことは既知の事実ではありますが、実際の研修の場面では大きなミスをおかしているケースが非常に多いと言えます。

　特に多いのは、スクリーンに投影するスライドをそのまま印刷して配布するというケースです。

　次のように**スクリーンに投影する教材（スライド）**と、**配布する教材（ワークブック）**の目的は異なるため、同様に扱うことは適切ではありません。

〈スライドとワークブックの目的〉

スライド	・学びや理解を促進し、記憶への定着を補佐するような視覚情報を提供する
ワークブック	・メモをとったり、空欄を埋めたりする ・後日参照できるように、詳細な情報や説明を掲載しておく

　スライドは、投影して使うものであり、視覚に訴える情報です。聴覚を使った講師の説明とうまく組み合わせて活用することで、記憶に定着させることができるのです。つまり、**視覚情報であるスライドは、聴覚情報である講師の説明を補佐する**ものなのです。

　一方で、**ワークブックは研修中から参加者の手元にあり、研修後も参加者の手元に残る資料**です。そのため、研修中にメモをとったり、全部書き留めたりできないような詳細な説明や参考情報を参照できるようにすると便利です。また、自分で手書きしたことは記憶へ定着しやすいという機能を考えると、大事なポイントやキーワードが空欄になっていて、手書きで

埋める形式になっていると効果的です。

スライドを印刷配布することの問題点

　スライドとワークブックを兼用することの何が問題なのでしょうか。
　最も典型的な例として、スライド3枚が縦に並んでいて、スライドの右側にノートスペースがある配布資料について起きる問題点を3つに分けて考察します。

○問題点①　スライドの情報量が多くなる
　まず、後日参照できるような、かつ、十分な情報をスライドで提供しようとすると、必然的にスライドに掲載する情報が多くなります。すると、投影した際に文字が小さくて見えないようなスライドになってしまうでしょう。
　手元に同じものがあるので、見えない場合はそれで補えばいいのかもしれませんが、それでは参加者が手元ばかりを見ていて顔を上げなくなってしまいます。
　これでは投影している意味がありませんし、講師とアイコンタクトもできません。

○問題点②　講師の説明が聞き逃されることになる
　視覚情報が多いスライドには、別の問題があります。参加者は、書かれている情報を読むことに集中してしまうのです。
　脳はマルチタスクができませんので、視覚から入ってくる情報を処理している間は、聴覚から入ってくる情報処理がおろそかになります。
　結果として**講師の説明内容を聞き逃してしまう**ことになるのです。

○問題点③　講師の説明が聞き逃されることになる

　スライド3枚を1ページに印刷すると、手元資料としてもかなり小さな文字になり、読みにくいものになります。

　だとしたら、スライド2枚を1ページに印刷すればいいのかと言えば、そんなに単純な問題ではありません。読みやすさは解決するかもしれませんが、他の問題（顔を上げない、説明を聞き逃すなど）は残るのです。

　一方で、すっきり見やすいスライドにするというのも、本質的な解決にはなりません。今度はワークブックとしては情報が不足することになってしまいます。

　研修中、講師の説明内容をメモにとるには限界があります。そのため、ワークブックを後日見返しても十分な情報が得られません。

　それでは、せっかく学習した内容であっても、十分に定着させることはできないでしょう。

研修教材作成のポイント

スライド作成のポイント

　では、スライドとワークブックは、それぞれどのように作成すればいいのか、そのポイントを見ていきましょう。

　まず、スライドの目的は、「学びや理解を促進し、記憶への定着を補佐するような視覚情報を提供する」ことでした。シンプルなデザインで、大きくて読みやすい文字、情報を視覚から補佐するビジュアルがあるものを目指します。

　文章を書くのではなく、**単語**、もしくは、**短いフレーズ**に留めます。**ワークブックの空欄に埋めるキーワードをスライドで投影**します。フォントのサイズは、一般的なプレゼンテーションでは最小でも24pt、あるいは、32ptとよく言われますが、通常私たちはその倍（**48〜64pt**）くらいを使

用しています。そして、**言葉を補佐する写真や図を使用**します。

　人の目は明るいものに反応しますので、**背景は暗い色にし、文字など注目してほしいところを明るくしておく**のが良いでしょう。

　ビジネスのプレゼンテーションを紹介した書籍ですが、『プレゼンテーション zen』（ガー・レイノルズ著、熊谷小百合翻訳、ピアソン桐原）は、研修のスライドを作成する際にも参考になります。

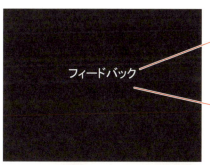

シンプルなデザインで文字を大きく（48〜64pt）

テーマが変わる際には、「見出し」のスライドを入れる

言葉を補佐する、写真やイラストを入れる

文章ではなく、単語、短いフレーズを掲載する

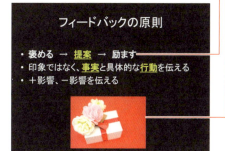

背景は暗く、注目してほしいもの（キーワードなど）は明るくする

ワークブック作成のポイント

次にワークブックです。ワークブックの目的は、「メモをとったり、空欄を埋めたりする。後日参照できるような、詳細な情報や説明を掲載しておく」ことです。

それを踏まえ、次の要素を入れたものが適切です。

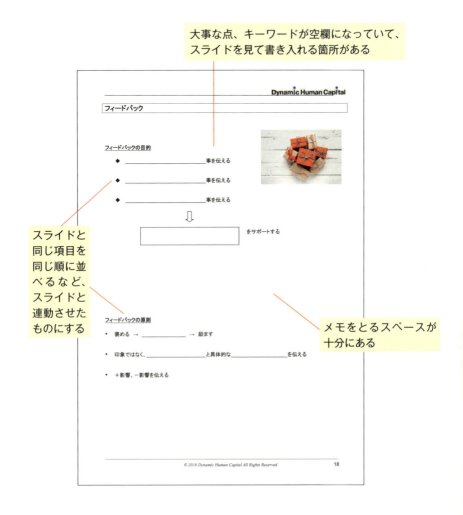

スライドの使い方

　スライドとワークブックを前述のような形式にしておけば、説明の間、ずっとスライドを投影しておく必要はありません。
　ワークブックの空欄に埋めてもらう形式の箇所であれば、参加者が記入を終えたら、スライドはブラックアウト（画面を暗くする、167ページ参照）します。
　人の目は明るいものに反応します。また、聴覚よりも視覚から入ってくる

情報を受け取りやすい人が多いため、**講師の説明や参加者同士の対話に集中してほしい時は、視覚から入ってくる情報は消してしまったほうが効果的**です。

また、**以下のようなスライドは不要**です。

「休憩」
「ではここで質問です」
「この問題について考えてみましょう！」

これらは、講師が研修の流れを忘れないようにするために、セリフとして準備しているものです。しかし、スライドは講師のノートではありません。**視覚から情報を届ける必要がないものは、スライドに入れないように**しましょう。

ホワイトボード、フリップチャートの活用法

ホワイトボード、フリップチャートの効果的な使い方

フリップチャートは、169ページで紹介しましたので、ここでは特にホワイトボードについて考えていきます。「ホワイトボード」は、広く普及している道具で、多くの会議室や研修会場に備えられていることが多いでしょう。

ホワイトボードは、保存しておく必要がない情報を一時的に書き留めたり、スライドやワークブックに記載がないことを補足したりする場合に補助的に用います。たとえば、グループディスカッションの際に参加者からの発言内容を書き留める、話し合いをする際に書き留めながら行う、グル

ープワークの指示などを書き出しておくような場合です。また、参加者からの質問を受けて、研修資料には含まれていないコンセプトを使って説明しようとした際、スライドがないので、ホワイトボードに書きながら話すという場面もよくあります。

ホワイトボードは書いたり消したりが容易にできるのが利点です。

逆に、**残しておきたい情報、掲示しておきたい情報は、フリップチャートに書き留め、壁に掲示する**ようにしましょう。

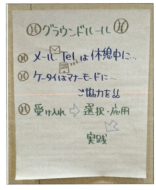

フリップチャート記入例

> ◎**ホワイトボード、フリップチャート使用時の注意点**
>
> ●**読みやすく書く**
> ・とにかく、文字は読みやすく書く（誰が見ても読める文字）
> ・離れた場所からでも見えるように1文字の直径を4cm以上にする
> ・箇条書きにするなど、文字数を減らす
>
> ●**書きながら話さない**
> ・「黙って書く→参加者の方を向く→話す」を徹底する
> ・書きながら話すと参加者に背を向けたまま話をすることになるが、背を向けて話をしても声は届かないので要注意
>
> ●**参加者を巻き込む**
> ・グループディスカッションの後の発表内容を書き留める場合、講師が板書することに忙しくなると、参加者との対話がおろそかになりがち（発言内容を受けて、質問をしたり、コメントをしたりする余裕がなくなる）
> ・それを防ぐために、参加者からボランティアを募り、板書係（1人だと荷が重いので2人で分担してもらう）をしてもらい、講師は参加者の発表内容を聞くことに集中する

4-6

リハーサルで準備を整える

　本章の最後にとりあげるのは、リハーサルです。

　研修に限ったことではありませんが、頭で理解していることと実践できることにはギャップがあります。頭の中では流れを整理できていても、いざ言葉を口に出してみると、思ったように出てこなかったり、違和感があることに気づいたりするものです。また、かかる時間についても、実際にやってみると、想定通りではないことも多いでしょう。

　こうしたギャップを埋めるのに役立つのがリハーサル。研修の前に必ず行い、万全な準備を整えましょう。

**本項の
Key word**

「リハーサル」
「丸暗記はしない」
「セリフ」

リハーサルの進め方

ベテラン講師でもリハーサルが欠かせない

　研修教材がすべて完成したら、リハーサルを行います。本番と同じ会場で、同じ機材を使って行えれば理想的です。

　1人で行うのであれば、動画撮影を行うようにしてください。自分の解説や動作や表情などがどのような印象に映るかを客観的に見ることができるためです。

　また、同僚や先輩講師など、誰かに協力してもらえるのであれば、グループワークなども実際にやってもらいます。グループワークの後に出てくる答えを聞くと、こちらの意図が伝わっているかどうかが検証できます。

　私自身、リハーサルは何度も何度も行います。ぶつぶつと1人で練習することもあれば、誰かに付き合ってもらうこともあります。また誰かのリハーサルに付き合うこともあります。

　どれだけベテランになっても、内容や相手、状況はその都度変わります。**リハーサルをしなくても良くなる日は永遠に来ない**でしょう。

　リハーサルは、講師にとってそれだけ重要なものなのです。

丸暗記はしない

　リハーサルを行ううえで重要なポイントとなるのは、**「丸暗記はしない」**という点です。

　「研修内容とセリフを全部覚える必要があるか」——これはよく質問されることですが、丸暗記はお勧めしません。暗記したものを伝えようとすると、心のこもったメッセージにはなりにくいためです。

　また、たとえ丸暗記できたとしても、少し間違えたら動転してしまうこ

Trainer / Instructor Handbook　201

ともあります。その後立て直しができなくなったり、その場の状況に対して柔軟な対応ができなかったりしてしまうリスクがあるからです。

　実際は、事前に流れやポイントをメモし、手元で確認しながら研修を進めます。

　メモの形式は人によって好みが分かれるところですが、個人的にはマインドマップを使うことが多くなりました。文章で長々と書かれているものよりは、視覚的にわかりやすい形式のほうがお勧めです。

　なお、基本的に丸暗記はしないものの、以下のポイントは事前にセリフを決めて、メモを見ずに、参加者とアイコンタクトをしっかりとって話せるように練習します。

◎**セリフを決めて暗記し、練習するポイント**
- ●オープニングの最初の数分
- ●クロージングの最後の数分
- ●参加者に何かの問いかけをする時
- ●自分の経験談や事例を話す時
- ●参加者にとって理解が困難だったり、受け入れることに抵抗が予想されたりする内容を説明する時

　こうした場面で講師がメモに目を落としながら話すと、そのインパクトが小さくなります。また、セリフを決めておかないと、余計な言葉が入ってしまったり、強調したいがあまり同じことをくり返してしまったりといったリスクもあります。

　納得するまで何度もリハーサルを重ねることで自信につながり、余裕が生まれます。それが、良い結果となってまた自信につながるというサイクルをつくり出しましょう。

第5章

学習環境をつくりだす
〜学ぶ意欲を引き出す場を設定する〜

Trainer / Instructor Handbook

5-1

安心して学べる環境をつくりだす

　5章でとりあげるのは、「学習環境」です。

　ストレス状態では効果的に学べないという脳の特徴はすでに見てきました。「安心して学べる環境」は、学習するうえで欠かせないものなのです。

　では、安心して学べる環境とはどういうものなのでしょうか。また、どのようにつくりだせばいいでしょうか。まずはそのポイントから考えていきます。

本項の Key word

「学びとストレス」
「安心して学べる環境」
「発表」
「ロールプレイ」
「参加者評価」

過度なストレスは学びを阻害する

学びに対する誤解

　すでに見てきたように、ストレス状態にある脳は効果的に学べません。ですが、未だに「勉強する」という言葉に対して、「楽しく」よりも「まじめに」という形容詞のほうがしっくりくる方が多いのが現実かもしれません。

　以下では、それを物語るエピソードを２つ紹介します。

学びへの誤解①　新入社員には厳しい指導が必要？

　　ある新入社員研修を担当した時のことです。

　　研修の中で行ったグループワークについて、いくつかのグループが、時間内に終了することができませんでした。多少の時間を延長することは問題なかったので、３分ほど延長しました。

　　ただ、新入社員研修だったこともあり、仕事の進め方という観点から、「もしこれが仕事だったら、提出期限になってからできていません、という報告をするのではなく、期限の前に、遅れそうであることを報告し、どうすべきか相談しましょう」という旨のコメントをしました。

　　その後のことです。後方でオブザーブしていた担当者に、延長した３分の間に廊下に呼ばれこのように言われました。

　　「今のコメントは、内容は適切だけれども言い方が優しすぎるので、もっと厳しく伝えてください」

　この担当者は、「新人には厳しい指導が必要だ」と思っていたのでしょ

う。しかし、厳しく伝えたほうがよく伝わるという根拠はありません。新入社員を受け入れる現場側からは、新入社員にあまり厳しくするとすぐに辞めてしまうという悩みもよく聞きます。

学びへの誤解②　水も飲んではいけない？！

もうひとつのエピソードは、ある若手向け研修の開始時のことです。

　事務局の担当者が、参加者にいくつかの連絡事項を話していました。その中のひとつがこうです。
「ペットボトルのお茶などを持参している人は、机の上に置かずにバッグにしまいましょう。先生に失礼ですので、飲み物は休憩時にお願いします」

これは大きな衝撃でした。
　参加者が研修中に水やお茶を飲むことは、講師に失礼なことでしょうか。少なくとも、私はまったくそのように思っていません。
　それに学習の効果という点では、水分や栄養は脳に必要なものなので、適切に補給しながら研修を進めたほうがいいのです。

「習得はいかに楽しく学ぶかに比例する」

　一昔前のような、体力的にも精神的にも過酷な研修は姿を消したかもしれません。それでも、この２つの例に代表されるように、何かを学ぶ時、「まじめに」「厳しく」「忍耐」などのイメージが未だに根強く残っていることは否定できません。
　そこまでの印象をもっていなくても、研修には、楽しい要素やディスカッションなどのアクティビティは不要、あるいは時間の無駄だと思う方もいるかもしれません。

一方、過度なストレスや緊張は効果的な学習を阻害するということや、笑いが健康に与える好影響なども広く知られてきているのも事実です。

　この章では、効果的に学習できる学習環境をどうつくっていくかを考察していきますが、基本的には学習の法則３**「習得はいかに楽しく学ぶかに比例する」**という考え（1-2参照）に基づき、**過度なストレスはかけず、安心して学ぶための環境づくり**について考えていきます。

安心して学べる環境をつくりだす

安心して学べる環境とは

　安心して学べる環境とはどういうものでしょうか。
　たとえば、次のようなことが挙げられそうです。

◎**安心して学べる環境の特徴**
- ●否定されない
- ●受け入れてもらえる
- ●失敗しても許される
- ●恥をかいたり自尊心が傷つくような場面がない
- ●この場（研修）での言動が後（仕事に対する評価など）に影響しない
- ●学ぶことの目的や意義が理解できている
- ●自分の存在価値が感じられる
- ●物理的にも快適である

　これらは、何も研修に限らず、良い職場では当たり前のことばかりでしょう。ですが、現実の研修の場では、これらが実現できていないことも少なくありません。

Trainer / Instructor Handbook　207

では具体的にどのような場面が「安心して学べる環境」に反していて、どうすればより「安心して学べる環境」になるのか、①発表、②ロールプレイ、③参加者評価、④物理的な快適さという４つの面で考察していきます。

安心して学べる環境のつくり方①　発表

発表が嫌がられる理由

参加者に何かの発表をしてもらうのは、研修中によくあることです。
発表内容が明らかな間違いである場面の対応はとても難しいものです。間違いをそのまま聞き流してしまったら、発表者はもちろん、他の参加者も間違った認識をもち続けることになりますが、発表内容を頭ごなしに否定しては、参加者の安心を脅かすことになります。
「そういう考えもありますね。他の方はどう思いますか？」「そういう見方もできますね。私はこう見ましたが、どちらがより良いでしょう？」など、他の参加者を巻き込みながら、やんわりと指摘することもできますが、それにも限界はあります。

安心して学べる環境という観点で、以下では３つのアプローチを考えます。

アプローチ１：発言の内容が間違いになるような問いかけを避ける

◎問いかけを変える

「どれが正しいと思いますか？」

「（説明したことのうち）どこが大事だと思いましたか？」
「（説明したことのうち）何を活用しようと思いましたか？」

「何が正しいと思うか」を考えて発表してもらうと、正しい答えが返ってくる場合もあれば正しくない答えが返ってくる場合もあります。

一方、何が正しいと思うかではなく、**どこが大事だと思ったか、何をどう活用しようと思ったか**という問いかけに対する発表であれば、**発表内容の正解・不正解がなくなります**。これだと、参加者の発言を否定する流れになる確率は低くなります。

ただ、何が正しいと思うのか、正解はどれだと思うかなどを考えてもらうこと自体は有意義であるため、考えた後のプロセスを以下で紹介するアプローチのように工夫すると良いでしょう。

アプローチ２：答えを予想して答え合わせをする

◎研修デザインを変える

NG例 「説明」→「課題」→「発表・答え合わせ」

OK例 「課題」→「答え合わせ・説明」

説明する前にクイズや課題に取り組んでもらい、それに対しての説明という流れで研修をデザインします。この場合、運営の工夫次第で、答え合わせで間違えて恥をかいたり、自尊心が傷ついてしまったりするのを回避することができます。

「答え合わせをする」＝「誰かが答えだと思うことを発表し、それに対して、正しい・正しくないかを講師が伝えて解説する」ことではありません。

そもそも、答え合わせを行う際、発表は必要ないのです。**説明の前に参加者自身に考えてもらうということが何よりも大切**なことです。参加者が考えた後は、参加者からの発表は行わせず、講師が答えを紹介する、答え

を配布する、手元資料で答えを見つけるなどの方法をとれば、**不要なストレスをかけずに「参加者に考えてもらう」という目的は達成**できます。

「発表により理解度を確認したい」という方もいるかもしれませんが、研修での問いかけの目的は学びを促進することにあります。参加者を試すことは本来の目的ではありません。また、1人の発表で全体の理解度は確認できません。

理解度を確認したいのであれば、たとえば一通り答え合わせが終わった時点で、正解・不正解だったものを挙手で示してもらうことで、正解率の低い問題を見つけるなど、別の方法を考えます。

皆の前で間違えたくないというのは、ごく自然な心理です。恥をかかないようにしようというネガティブな方向にエネルギーを使うのではなく、間違いに気づき、正しい情報を確認し、同じ間違いをくり返さないことに時間やエネルギーを使ってもらうためにも、**発表のプレッシャーから解放することが大切**です。

アプローチ3：連帯責任の発表にする

◎発表の形態を変える

 個人で発表する

 チームの見解として発表する

上記の通り、参加者が1人で考えて1人で発表するのではなく、チームで考え、発表することで、発表のプレッシャーから解放することができます。

具体的な進め方は、**個人で考えた後、ペアやグループでお互いに確認をしてもらい、その結果を代表者が発表する**という流れで行います。

この考え方は、ハーバード大学のエリック・マズール教授の**ピア・インストラクション**が有名です。ピア・インストラクションでは、まず学生が個人で答えを考えた後に、ペアで考察を深めます。

研究によると、**個人で考えた時の正解率より、ペアで考えた後のほうが、正解率が高くなる**といいます。この効果を応用すれば、発表の前に、

ペアや数人のグループでお互いに確認することで、正解率が上がることが期待できます。

また、発表内容が不正解だったとしても、個人が間違えて恥ずかしいと感じるのと、ペアやグループとして間違えてしまったのとでは、受け取り方が異なるものです。連帯責任になりますので、恥ずかしいと思ったとしてもそれを共有できる仲間がいるからです。

安心して学べる環境のつくり方②　ロールプレイ

ロールプレイが嫌がられる理由

ロールプレイとは、参加者が何かの役割を演じることで、対象となっているスキルを練習することを言います。たとえば、接客スキルの研修で、スタッフ役とお客様役があり、設定された場面で学んだスキルを使って接客の練習を行うなどの手法です。

スキルは頭で理解するだけではなく練習が必要ですので、ロールプレイ

には意義があります。ですが、同時に「ロールプレイは嫌い」「できれば
やりたくない」と思う参加者が多いのも事実です。

その理由は、「うまくできなかった時に嫌な思いをする」もしくは、「過
去に嫌な経験があるから」です。だから、練習が必要なのはわかるけど、
できれば避けたいということになるのです。

**嫌だという意識をもちながら行う練習からは、得るものや、長期記憶に
留まることが少なくなってしまいます。**

ではどのようにすれば、安心して学べる環境にできるのでしょうか。
ここでは、**セッティング**と**フィードバック**の2つの面から考えます。

適切なセッティングを行う

参加者の立場になると、全員の前で自分がロールプレイを行い、それに
対して講師を含め皆から辛らつなコメントを受けるというセッティング
は、おそらく最悪なものでしょう。逆に、参加者同士が気を遣うあまり、
「良かったです」などと、改善点とは言えないような、学びを得られない
コメントに終始してしまっては効果的ではありません。

ロールプレイのセッティングとしては、**①全員の前で誰かが代表して行
う**、**②少人数のグループに分かれてグループ内で行う**、という選択肢があ
ります。

◎ロールプレイを進める際の注意点
①全員の前で誰かが代表して行う
・できるだけ無理強いはせず、やりたい人、やってもいいという人
　に代表になってもらう
・少人数のグループで練習を行った後に全員の前で行ってもらう

> **②少人数グループに分かれてグループ内で行う**
> ・こちらの方法のほうが、安心して練習できる環境をつくりやすい
> ・講師のフィードバックが全員に行き届かないというデメリットが
> ある

　②少人数のグループのほうが失敗しても恥をかいたりするリスクは低く、安心して練習できる環境をつくりやすくなります。反面、少人数のグループの数が多いと、講師がすべて確認してフィードバックするのが不可能になるというデメリットもあります（研修の内容によっては、全員に対して講師がフィードバックすることが必要になることもあります）。

　一方、①全員の前で誰かが代表して行う場合、代表者の選出方法に注意が必要です。

　自ら進んで挑戦するという学習スタイルの人もいれば、他の人が行うのを見たいという学習スタイルの人もいます。できるだけ無理強いはせず、やりたい、もしくは、やってもいいという人に代表になってもらいます。

　あるいは、少人数のグループで練習を行った後に、いくつかのグループに出てきてもらって全員の前で行う、という流れをとることもできるでしょう。

適切なフィードバックを行う

　ロールプレイでのフィードバックの内容は、できていないことを指摘するだけではなく、できていることを認めることが重要です。

　伝え方や言葉にも細心の注意を払い、自尊心を傷つけることがないようにします。「ここが良くなかった」という表現より、**「ここがこうなっていれば完璧だった」**と言われたほうが受け止めやすくなります。

　褒めることは共有し、改善点については個別に伝えるというのが、**フィードバックの原則**です。口頭ですべて伝えるのではなく、詳しく書いて渡す

Trainer / Instructor Handbook　213

という方法も効果的です。

　だからといって、お互いに遠慮してしまって、良いことしか伝えないというフィードバックでは、得られる学びが小さくなってしまいます。

　そこで、「**良い点と、さらに良くするためのアイデアや提案は必ず２つずつ伝える**」などルールを決めておくといいでしょう。

◎**適切なフィードバックの仕方**

- フィードバックの仕方に注意する
    - 自尊心を傷つけないような伝え方を選ぶ

「○○が良くなかった」

「○○ができていれば完璧だった」

- 褒めることは共有し、改善点は個別に伝える
    - すべて口頭で伝えるのではなく、詳しくは書面で渡すこともできる
- 学習効果の高いフィードバックを行う
    - 「良い点と、さらに良くするための提案を○個ずつ」のように、良かった点と改善点の両方を伝えるようなルールをつくる

安心して学べる環境のつくり方③　参加者評価

参加者評価は本当に必要か

「研修中の発言回数や発言内容で、参加者の評価をしてほしい」——そんな依頼を受けることがあります。

研修の結果、何をどの程度習得したかということとは別に、学びのプロセスにおける行動も評価するため、積極的に参加していたか、理解度はどうか、研修に対する貢献度はどうかなどを評価したいというのが狙いなのでしょう。

　人事的な観点での正式な評価とまではいかなくても、研修中の参加者の行動を見て、「あの人はやる気がある」「あの人は向上心がある」などといった判断として用いられることも多いのかもしれません。

　ですが、評価方法については検討が必要です。

　まず、発言回数と、研修に積極的な姿勢で参加しているのかどうかは、イコールではありません。

　何かを学ぶ際、考察タイプ（1-3参照）の方は受け取った情報を自分でじっくりと考え、整理したり意味づけをしたりしますが、そうした方は、見た目には発言が少なくなります。それでも、研修に興味がないわけでも、学ぶ意欲がないわけでもありません。

　一方、発言が多いからといって、必ずしもすべての発言が他の参加者の学びに貢献しているわけではなかったり、特定の方の発言が多いことにより、他の人が発言しにくくなるなどのデメリットも発生します。

　また、発言内容の評価は、大きな問題をはらんでいます。**「研修では失敗しても良い」という意味も含めて、安心して学べる環境を整える**ことが重要だからです。

　発言内容を評価されると思うと、気軽に発言できなくなります。積極的な発言を促すことと矛盾していると言えるでしょう。

安心して学べる環境のつくり方④　物理的な快適さ

物理的な環境を整える

　安心して学ぶためには、物理的な快適さも大切です。

　以前あるカンファレンスのセッションで経験したことです。

　人気のあるスピーカーだったため、ほぼ満員。

　会場はスクール形式で、5人掛けの長いベンチのような椅子でした。開始間際に部屋に入ったため、空いているのは真ん中の席ばかり。左右は体格のいい人が多く、とても狭い空間です。あまりに居心地が悪く、90分のセッションの途中で退席してしまいました。セッションの内容に不満があったわけではなく、その空間が耐えられなかったのです。

　開催者側は、90分という短時間だから何とかなると思っていたのかもしれませんが、効果的な学びを実現するのは難しい環境だったと言えるでしょう。

　次のような環境では安心して学ぶことはできません。十分な注意を払ってください。

◎**改善が必要な物理的な環境**

- 隣の人との距離がとても近く、パーソナルスペースが確保できない
- 自席に着席したり、離席したりするのに、前後左右や通路に十分なスペースがない
- 人数に対して部屋が小さく、窮屈
- 温度が快適ではない

楽しい学びを実現しよう

楽しい＝知的好奇心をくすぐる

研修に楽しむ要素は不要だという方の懸念は、「ふざけてしまう」「重要なことだと受け取らない」といったところにあるのでしょう。楽しさ＝研修内容に関係のないゲームや、お笑い、ジョークと捉えると、こうした懸念は当然かもしれません。

しかし、本書で言う「楽しさ」は、そういったものではありません。具体的に言えば、**知的好奇心が刺激されるような研修**や**自分の成長が確認できる研修**、**達成感がある研修**が本書で目指す「**楽しい研修**」です。

研修をそうした「楽しいもの」にするうえでのポイントを考えていきます。

適度なストレスのある場をつくる

過度なストレスは学習を阻害しますが、**「適度なストレス」**は必要です。ストレスがゼロの状態では、人間はおそらく機能しませんので、対応できる範囲、楽しめる範囲での刺激やストレスが必要なのです。

実際に、リラックスしすぎている状態より、「適度なストレス」がある状態のほうが、人のパフォーマンスは上がります。意見の違いが生まれやすい、ダイバーシティ（多様性）があるチームのほうがパフォーマンスが高い、というのはそういった点でも説明がつくのでしょう。

では、研修の場で「適度なストレス」とはどのようなものなのか、4つの要素を考えてみます。

Trainer / Instructor Handbook　217

〈適度なストレスを生み出す４つの要素〉

時間	・仕事も研修も期限内・制限時間内に終わらせることが求められるという時間的なプレッシャーは、適切な範囲であれば「適度なストレス」となる
役割	・グループワークのリーダー、書記、発表担当など、研修の中で自分に与えられた役割を果たすことも、無理強いでなければ「適度なストレス」となる
チームに対する責任	・参画が多い研修では、グループに対する帰属意識やチーム意識が自然と生まれる ・チームで課題に取り組む場合、各メンバーの貢献が必要となるが、チームに対しての各メンバーの責任や役割に対する意識も、「適度なストレス」となる
競争的要素	・チーム対抗でスピードや正解率を競ったり、達成度合いを競ったり、個人で他の人と競ったりする競争的要素も、うまく活用すると、楽しむことができる「適度なストレス」になる ・「敗者」が傷ついたり、恥をかいたり、叱責されたりするような状況をつくらず、楽しむことができる「適度なストレス」の範囲を超えないように注意する ・個人の場合には自己目標に対して自分と競うという設定にするのも効果的

　なお、「競争的要素」は、世代間の違いを考慮する必要があります。

　時代とともに教育の在り方が変化していて、かつては当たり前だった「競争」が、今はあまりなくなったというのは様々な場面で見聞きすることです。

　こうした自分たちとは違う環境で育ってきた人が社会人となった時に、どのような競争的要素が楽しめるのかには配慮が必要です。

　職場での研修は、様々な世代の参加者が混じっていることも珍しくありません。何を楽しい競争と思うかについて、講師の常識だけで研修をデザインしたり運営したりすると、それには合わない人が出てくる可能性があるのです。具体的な注意点としては、前述した「発表」や「ロールプレイ」の項目などを参照してください。

5-2

全員を巻き込む

　研修参加者の中には、発言を促してもなかなか発言をしてくれない人がいたかと思うと、逆に、どんな場面でも常に真っ先に発言をするため、他の人が発言しにくくなる、いわゆる「その場を仕切る人」がいたりもします。

　なぜそのようなことが起きるのでしょうか。また、そうした様々な特性をもつ参加者を、どのようにして巻き込んでいけばいいでしょうか。

　本項では、心理学的な観点から検討していきます。

本項の Key word

「開放性」
「仲間性」
「支配性」
「発言の機会」

安心して学べる環境と「開放性」

開放性とは

　安心して学べる環境というのは、見方を変えると、参加者同士が様々なことを率直に話ができるような人間関係が構築された状態とも言えます。
　心理学博士のウィル・シュッツ氏はそのような関係性を**「開放性」**と呼び（『すべてはあなたが選択している』、翔泳社、 p262）、その「開放性」を構築する前段階には、**「仲間性」**と**「支配性」**があるとしています。
　「仲間性」というのは、その集団に入りたいかどうか、この集団の一員でありたいかどうかを決めるもの——**参加者が研修の場にいたいかどうか、今回の研修参加メンバーでありたいかどうか、という判断をしている**ことになります。その決定には、「自分のことを重要な存在だと感じているかどうか」が影響を与えているといいます。（同p254-255）
　また、「支配性」は、他の人を支配したいのか支配したくないのか、人から支配されたいのか支配されたくないのかです。

　この考えを研修に当てはめると、安心して学べる環境をつくるためには、**研修に参加する人が、自分が重要な存在だと感じられ、その場にいたいと思い、さらに、権限や責任のバランスがとれている状態をつくる必要がある**ということになります（なお、「支配性」は、5-3で考察します）。
　こうした条件がそろってはじめて、参加者同士が様々なことを率直に話ができるような人間関係をつくることが可能になるのです。

　これは経験的にも理解できることではないでしょうか。たとえば自分の存在や発言が受け入れられなかったり、軽視されたりするのではないかという不安があると、発言をしなくなったり、他人と距離を置くこともあるでしょう。

一方で、受け入れられたい気持ちが強すぎると、どんな場面でも積極的になり、その気持ちが強くなると威圧的な行動をとったりする人もいるのです。

一部の参加者ではなく、全員が対象

　ではどのようにすれば、自分のことが重要な存在だと感じられるでしょうか。

　とても大切なのは、一部の人だけが積極的だったり、仕切ったりするのではなく、**参加者全員が平等に学びのプロセスにかかわっている状況を保つ**ことです。リーダーシップを発揮しているように見える人だけが重要な存在で、あまり発言しない人は、存在価値が薄いということではありません。
　全員に、自分は大切な存在だと感じてもらえるようにするのです。

　全員が平等に学びのプロセスにかかわっている状況をつくるうえでのポイントとして、発言の機会を平等にする工夫とメンバーを固定しない工夫について具体的に見ていきます。

発言の機会を平等にする工夫

発言が一部に偏らないようにするために

「今日まだ発言していない人は、ぜひ意見を聞かせください」

「こんなこと言っても大丈夫かなぁという遠慮は不要です。何でもかまいませんので、どなたか発言してください」

発言が一部の人に偏らないようにという思いから、こう語りかける講師。しかし、静まり返って、講師と目を合わせないようにする参加者。

どこかで見たことのある光景かもしれません。お互いにいたたまれない空気が流れているのが目に浮かびます。

どうすれば発言が一部に偏らないようにできるのでしょうか。その工夫として、次の４つの方法を見ていきます。

◎**発言の機会を平等にする 4 つの工夫**

①話す前に個人で考える

②リーダーを決める

③発言を制限する

④道具を使う

工夫① 話す前に個人で考える

1-3でも紹介しましたが、「考察タイプ」とは新しい情報を受け取った際、まずはその情報についてじっくり１人で考えたいという学習スタイルです。そんなタイプの方は、ディスカッションやグループワークを行う際、周囲と話し合う前に個人の考えをまとめる時間が必要なのです。

ディスカッションやグループワークを行う際、まずは個人で考えをまとめる、それを付せんなどに**書き出す**、その後にディスカッションやワークに**取り組む**、という流れを基本としましょう。

また、書き出すことで、各メンバーの考えが可視化されるというメリットもあります。

書き出したものをホワイトボードなどに持ち寄って話し合いをすると、全員の意見を聞こうという空気が生まれやすく、グループ内の発言が一部の人に偏りにくくなります。

工夫②　リーダーを決める

ディスカッションやワークをする際、ゴールにたどり着くこと、そしてグループ内のコミュニケーションを効果的にとることという２つの目的について責任をもつリーダーを決めます。

ここでは、**リーダーを指定する**ことがポイントです。自然発生的に誰かにリーダーになってもらうと、どうしても仕切る人が出てくるため、他の人が発言しづらくなってしまうためです。

さらに、**リーダーは固定せずに常に交代させる**ことで、特定の人が支配するという状況を避けることができるでしょう。

工夫③　発言を制限する

　1人の発言時間、もしくは、発言量を制限します。たとえば、「1人30秒発言しましょう」「1人ひとつずつ発言しましょう」、といった具合です。

　1人の人が用意した内容をすべて発表すると、後の順番になればなるほど、他の人と重なる内容になり、発言しにくくなってしまうものです。

　時間や量を制限することで、他の人に発言の余地を残すことができます。

　なお、こうした制限は、時間短縮やエネルギーの持続にも効果があります。

　あらかじめ考えていた内容を他の人が先に発言してしまった状態で自分の発言の順番が回ってきたとしたら、どうしますか？

　何も言うことはありません、とは言いにくいため、「すでにほとんど出てしまったんですが……」と前置きして、何かしら発言するようになるでしょう。

　ですが、その内容は、先の発言のくり返しであることが多いとなれば、同じ情報を単にくり返しているだけであり、研修としては省略できる時間です。また、情報の新鮮さがないため、聞く側のエネルギーレベルが下がるといった悪影響も与えかねません。

　新鮮な情報を手短に、様々な人から発言してもらうほうが、テンポ良く短時間で、かつ参加者の興味やエネルギーが保たれたディスカッションになるのです。

工夫④　道具を使う

　道具によって、発言を促し、ディスカッションを活性化させることもできます。

　たとえば、工夫①で紹介した個人で考えて付せんに書き出し、それをホワイトボードに持ち寄るという方法をとる場合を、もう少し具体的に考えていきましょう。

　ふつうのボールペンなどで記入した付せんをホワイトボードに貼り出し

ても、何が書かれているか読みにくくなるのが明らかですので、太いペンで書いてもらう必要があります。そうなると、道具としては、付せん、記入するための太いペンが人数分必要です。

些細なことかもしれませんが、ペンの本数も重要です。

たとえば、あらかじめ黒、赤、青が１本ずつ用意されていたとしたら、１グループ５人の場合、全員に行き届きません。

誰かが代表して書くのでは、「全員を巻き込む」という意図をかなえることはできませんし、順番に書くのは時間の無駄です。

５人グループであれば、ペンは最低５本必要なのです。

また、付せんも、用意されている数が多いと、たくさん書くことが奨励されていると無意識のうちに伝わります。

これらは些細なことと見落としがちですが、**こうした小さな工夫が学習環境に大きな影響を生み出す**のです。

また、道具を活用する方法として、**発言者は何か（ボールなど何でも可）を持つ**というルールで運用することもできます。**「ボールを持っている＝発言権がそこにある」**というシンボルになります。

これは、「ボールを持っていると発言しなければいけない」という責任を生むのと同時に、「ボールを持っていない人は発言権を奪ってはいけない」という抑止効果にもつながります。

発言するメンバーを固定させない工夫

役割、チームメンバーをローテーションする

　「役割が人をつくる」という言葉があるように、人は与えられた役割を果たそうとします。そのため、チームのリーダーを固定すると、その人はリーダーとしての役割を果たそうとしますが、それ以外の人はリーダーに依存してしまう可能性が高まるのです。

　つまり、**チーム内の役割は固定せずローテーションする**ことで、一定の人ばかりが発言する（または一定の人は発言しない）という状況を避けられます。

　チームメンバーも固定させないようにします。

　たとえば次のような方法が考えられます。

◎チームメンバーを固定させないコツ
　①午前と午後では席替えをする
　②グループワークを行う際にメンバーを入れ替える
　　（例：あるグループワークについては新しいチームで行い、ワーク
　　　　終了後に元のチームに戻って着席する）

---

　②の例の方法の場合、立って移動するため、脳が活性化されるというメリットも得られます。

5-3

主体性を引き出す

　この項では、研修参加者の主体性を引き出すことについて
考えていきます。

　研修を行ううえで、参加者の主体性が欠かせないことは、
ここまでお読みになった皆さんにとっては理解いただけるこ
とでしょう。

　研修で効果的な学びを得て、それを実践していくために
は、主体的に学ぶことが必要です。

　ですが、言葉でいうのと実践することは違います。ここで
は実際に主体性を引き出すにはどうするか、その具体的な方
法を見ていきましょう。

**本項の
Key word**

「支配性の放棄」
「受け身の弊害」
「主体性を引き出す」
「選ぶ」
「講師のコントロール」

参加者の主体性が必要な理由

受け身の学習環境をつくっていないか

　職場では1人ひとりが主体性を発揮して仕事をすべきだ、ということについて、異論を唱える方は少ないでしょう。

　仕事に主体性を求める一方で、研修になると、学習プロセスが受け身であることが多く見受けられます。つまり、説明を聞き、与えられた課題に答えを出し、予定された演習でスキル練習を行うといった学習です。

「これは大変重要ですので、覚えておきましょう」「次の機会にはぜひこのスキルを使ってください」「このような状況になったら、こうしましょう」——これらは、よく耳にする講師のセリフであり、内容としては正しいことを伝えているのでしょう。

　しかし、**参加者の立場からすると、すべて「指示されている」と捉えることもできます。**

　研修の進め方においても、「受け身」のスタイルが見受けられます。たとえば、研修会場で座席が指定されている、グループの中での役割があらかじめ割り振られている、発表する順番を講師が指定するといった具合です。

　他にも、課題は用意された順序に従って進めなくてはいけない、テキストを先読みしてはいけないなど、参加者に対する指示を挙げればきりがありません。

　しかし、**研修での講師の役割は参加者をコントロールすることではなく、良い刺激を与え、知識やスキルの習得を助け、参加者が職場に戻った時に良いパフォーマンスを発揮する支援をすることです。**

　その目的を果たすために、こうした受け身の環境は本当に効果的なので

しょうか？　まず、その効果を検討していきます。

「支配性」の放棄

　先の項で紹介したウィル・シュッツ氏の理論をここで再び参照します。

　　支配性を「放棄する時、私は自分の力の手放している。誰かに服従する
　立場をとって、意思決定の責任をおわないようにしている。自分の義務を
　誰かに肩代わりしてもらうことを望む」（『すべてはあなたが選択している』
　ウィル・シュッツ著、翔泳社、p260）

　これは研修に何を意味するでしょうか。**研修の場で、講師によってすべ
て指図され、参加者が自分で何かを決めたり選択したりすることがない状
態**というのが、上記の**「支配性の放棄」**にあたります。その状態が続く
と、与えられた課題を指示された通りにこなすことに集中し、できれば楽
をしたいという方向に心理が働きます。

　そのような状態では、「研修が終了すれば課された業務が終わる」とい
う発想になりますので、職場に戻ってから何をどう実践するかを「考え、
決める」という主体性は期待できません。

　また、**与えられた目標より、自らが設定した目標**（しかもそれが具体的な
もの）**であるほうが、達成率は高い**と、脳科学をベースにリーダーシップ
開発を行うデビッド・ロック氏は言います。

　「覚える」「使ってみる」と、講師が指示する（提案する）のではなく、参
加者自身が自分の意思で「これはぜひ覚えよう！」「これを使ってみよ
う！」と思うように自然と導くことが必要なのです。

　また学習プロセスも、1から10まですべて講師が決めて指示するので
はなく、選択する余地を残すことでプロセスに積極的に関与してもらうこ
とが必要です。

　もちろん、何でも参加者の好きにしていいということにはなりません
が、少なくとも参加者に選択肢がある状態をつくることは可能でしょう。

Trainer / Instructor Handbook　229

受け身の姿勢で学んだ内容を、職場に戻って主体的に実践することを期待するよりも、**学習の段階から主体性を発揮してもらえるようにデザインし、その延長線上に職場での実践を位置付ける**ほうが、学びから実践への移行はスムーズです。

　研修において、自ら目標を立て、課題を特定し、考えて行動するという学習プロセスに対する主体的なかかわりが大切なのです。

　ではどのようにして研修中に参加者の主体性を引き出していけば良いでしょうか。以下では、選択肢や決定権を提供するための具体的な手法を紹介します。

参加者の主体性を引き出す方法

座席を選ぶ

　同じ部署からの参加者が偏らないほうがいい、参加者全員の発言の回数を平等にしたいなど様々な思惑から座席が指定されているかもしれませんが、**主体性という観点ではこれはデメリットが大きい**と言えます。

　なお、このような目的は座席を指定する以外の方法でも達成できます。たとえば、**「同じ部署の人とは離れて座ってください」**と意図を説明したうえで依頼すれば、参加者は大人なので、ふつうはそのようにするでしょう。

　入り口で、トランプなどを使い、抽選してグループを決めるのも便利です。

　また、いったん座ったら終了時まで同じグループで対話しなければいけないわけではありません。席替えをしたり、別のグループの人とペアを組んだりして流動的な運営もできます。

場所、道具などを選ぶ

　グループワークをする際に、どのボードを使うか、サインペンは何色を使って書くか、何色の付せんを使うかなど、些細なことですが、自由に選択してもらうことで、ちょっとしたプロセスを楽しんでもらうことができます。

役割を選ぶ

　226ページとも重なりますが、リーダー、タイムキーパー、書記などの役割は固定せず、ランダムにローテーションしてもらいます。リーダーになった人だけが積極的に関与し、他の人はリーダーに依存しているという関係をつくらずに、全員にリーダーが回ってくるようにすることで、全員の主体性、参画意識を高めます。

ペアワークの相手を選ぶ

　ペアや3人組などで話してもらう際、誰と組むかの選択を参加者に任せます。
　「普段接点がない人と組んでください」「今日まだ会話できていない人と組んでください」「ここは深めてもらいたいので業務内容がわかる人と組

んでください」など、意図を伝えて自由に組んでもらうのです。

　ワークの相手を固定せずに流動的にすることで、多少ムラが生じたとしても、受け身な態度になってしまうという悪影響は軽減できます。

取り組む課題、取り組む順序を選ぶ

　ロールプレイ、ケーススタディ、演習問題などは複数用意し、どれに取り組むか、どんな順序で取り組むかを決めてもらいます。

　ケーススタディがひとつしかないと、「私の部署にはこんな状況はあまりありません」などといったコメントが出やすいものです。ですが、複数の中から自分たちで課題を選ぶ場合、こうしたコメントは激減します。

　さらに、全員が同じ課題を選ぶと、グループワーク後の発表も同じ内容が続き、退屈してしまうかもしれません。ですが、課題Aに取り組んだグループもあれば、課題Bに取り組んだグループもある、となれば、お互いの発表について新鮮な情報として興味をもって聞くことができ、自分が取り組んだ課題以外もカバーできるようになります。これは、効率良く多くの課題に取り組むという点でもメリットがあります。課題を選んでもらうコツについては、6-5でも紹介します。

研修後に実践することを自分で考えて決める

　提供した情報やスキルについて、「どの部分をいつ、どこで活用するか」を参加者自身に具体的に考えてもらいます。

　優先順位は1人ひとりが置かれた状況によって異なるのが当然ですから、何から実践するかにも自由度があってもいいはずです。

発表する順番を選ぶ

　たとえば、グループディスカッションの後、各グループのその時のリーダーから発表する場合など、講師が発表の順番を指定するのではなく、参

加者に主体的に決めてもらいます。

「**最初に発表してくださるチームはどちらですか？**」と問いかけた後、遠慮してなかなか手が挙がらないこともあります。

ここで、「**考えたことを他のチームに言われる前に言ったほうが楽ですよ**」などと促すと、手を挙げやすくなるかもしれません。

最初はこうした間が生まれるかもしれませんが、この方法を続けていくと、「今日の研修はこういう進め方なんだ」という認識が参加者の中に生まれ、だんだん手が挙がるのが早くなります。

「**指名されて発言する**」という行動から、「**自ら挙手して発言する**」という行動に変わるわけです。

小さな変化かもしれませんが、積み重ねることで研修の場における主体性に好影響が生まれるのではないでしょうか。

講師側の不安

研修がコントロールできなくなるのではないか

「選択権や決定権を提供することで、研修の場がコントロールできなくなるのではないか？」

そんな不安、懸念をもつ方も多いかもしれません。

ですが、そもそも研修中、参加者をコントロールし、秩序だった場がつくれたとしても、最終的に職場に戻ってから、「学びを実践するか、しないか」の最大の決定権は参加者にあります。そこで「実践しない」という選択がなされては、研修を行った意味がなくなってしまいます。

研修は、イベントではなくプロセスです。

研修での学びを研修後に「実践する」ことを選んでもらう可能性を高めるのが、講師の役割なのです。そう考えると、**コントロールされた受け身の学びよりも、主体的に学びに参画していくスタイルのほうが適している**ことは、すでに述べてきた通りです。

研修中に小さなことでも良いので選択権・決定権を提供し続けるというのは、参加者主体の学びの実践のひとつ。

研修の場をコントロールし、決められた内容を確実に進めるよりも、参加者が自然と「実践する」ことを選ぶように導くほうが意義ある結果になるのは明らかでしょう。

5-4

突然の指名は適切ではない

「○○さんはどう考えますか？」などと突然、指名をする場面をよく見かけます。

1人ひとりが主体的に学びに参加する場をつくり出すため、理解度を確認するため、発言を促すためなどの理由から、この手法がとられているようですが、学習効果という点で考えると、適切ではないケースが多いのです。

本項では、突然の指名を避けたほうがいい理由に加え、突然の指名に代わる方法を紹介します。

本項の Key word

「突然の指名」
「眠気を覚ます」
「理解を確認する」
「発言を促す」

「突然の指名」のデメリット

なぜ、突然の指名をしてしまうのか

　ある研修会場の午後２時頃の出来事です。

　昼食を終えて一段落し、少し眠くなってきました。最近忙しかったこともあり、疲れがたまっているのは自覚しています。前で講師が説明をしています。この話は、仕事に役立ちそうなので、しっかり聞きたいと思っていたことのひとつでした。でも、どんどん眠気が強くなってきて、意識が朦朧としてきたそんな時、

　「○○さん、どうですか？　何か思いつくことはありますか？」

　講師からの突然の指名を受けて、慌てふためく――。

　一度は経験したことがある、あるいは見たことがある光景ではないでしょうか。

　このように、講師が質問を投げかけ誰かを指名して答えてもらう場面はめずらしくありませんが、この「突然の指名」は、学習効果の面から考えると避けたほうがいいのです。

　そもそも、「突然の指名」は主に次の４つの目的によって行われています。

◎**突然の指名が行われる目的**
　①眠気を覚ます――上記の例
　②理解を確認する――説明が理解されているかを確認する
　③発言を促す――誰かに答えてもらいたい、発言してもらいたいのになかなか手が挙がらない際に用いられる
　④知識・経験が豊富な方の発言を促す――経験を共有してほしい参加者に話してもらおうとする

どの意図も理解できますが、「突然の指名」は効果的ではありません。本項の後半で詳しく紹介するような他の方法を用いるべきでしょう。

なぜ、突然の指名は避けたほうがいいのか

突然の指名に代わる具体的な手法を紹介する前に、避けたほうがいい理由を検証します。

ここでは主に4つの観点から考えます。

ストレス	・過度なストレスは学習を阻害する（突然の指名を受けた人は、過度なストレスを受けることになる） ・指名を受けた人以外でも、「当てられたらどうしよう」「当てられたら嫌だから下を向いておこう」など一種の恐怖心から講師を避けるようになる（不健全で過度なストレスとなる）
ネガティブな感情を伴うことは忘れてしまう	・長期記憶に移行する確率が高いのは、ネガティブな感情と結びついた記憶よりもポジティブな感情と結びついたものである ・突然の指名はネガティブな感情を伴うため、長期記憶に移行する可能性が低くなる
指名された人以外は対話が生まれない	・理解度を確認するために指名したとしても、指名された人以外の理解度は確認できない ・重要なポイントだから確認したいという意図があったにもかかわらず、結果としてごく限定された人との対話で終わってしまう
発言することに対してネガティブなイメージになる	・学習プロセスに主体的にかかわり、一部の人だけではなく全員参加の学習をつくり出すというのが学習環境の前提である ・講師からの突然の指名は、主体性を損ねるうえ、指名による不安やストレスを生むため、発言することに対して消極的になってしまう可能性がある

「突然の指名」に代わる方法

眠気を覚ます方法

　そもそも、眠くならないような研修をデザインします。

　たとえば、3-2で紹介したように、**8分に1回の参画を入れた研修をデザインすると、講義が続いて眠気が襲うということは避けられます**。また、3-6で紹介したように、**立ったり移動したりを頻繁にとり入れることで、体も脳も常にリフレッシュしながら参加してもらうことも可能**です。

　このような工夫をとり入れ、眠くならない研修をデザインしていけば、突然の指名は必要なくなるでしょう。

理解を確認する方法

　理解の確認が目的であれば、全員にかかわってもらう方法を選択しましょう。個人を指名する代わりの方法として、たとえば、次のようなものが考えられます。

◎突然の指名以外で理解を確認する主な方法
- ●30秒で隣の人と確認（会話）する
- ●全員に質問に対する答えを書き留めてもらった後に答え合わせをする
- ●テキストの該当ページを見つけてチーム内で確認してもらう

　講師は、参加者同士が話している内容に耳を傾けておけば、正しい理解を得られているかどうかは、確認できるはずです。

発言を促す方法

講師が参加者全員に対して質問を投げかけて、全員の前で誰かが挙手して発言するのは、参加者の立場からすると、かなりハードルの高い方法です。特に、何が正解かを考えて発言するとなると、「間違いたくない」という心理が強く働き、なかなか手が挙がらなくなるのは当然です。

ここでも、全員を巻き込んで考える方法が適切でしょう。**①まず個人で考える、②グループでシェアする、③グループのリーダーを決めて、リーダーが発表する**という流れで進めることで、参画が生まれます。

その他にも、5-2や5-3を参考にし、**「発言しても大丈夫だ」という環境をつくっておく**ことも大切です。

多少間違えた発言をしても受け止めてもらえるという安心感があると、全体に対して質問を投げかけた際に、指名しなくても誰かが答えてくれる確率が高まるでしょう。

知識・経験が豊富な方の発言を促す方法

この話題については○○さんの経験、意見をシェアできたら、他の参加者にも参考になるので、お願いして話してもらいたい――こうした状況になった際、注意したいことがあります。

それは、**事前に話してもらう本人の承諾を得ておく**ことです。

知識や経験が豊富だったり、その後の議論につながる鋭い視点をもっているからと言って、必ずしもそれを全体の前で話すことに同意してもらえるとは限りませんし、準備していないと的外れな話になってしまうリスクもあります。考えをまとめたうえで話したいと思うかもしれません。急に言われてうまく話せないと、その人にとってはネガティブな経験になる可能性があるのです。

研修のどの場面で、どんな話をしてもらいたいのかを事前に伝え、了承を得たうえで話してもらいましょう。

5-5

参加者同士の
コミュニケーションを促す

研修において、講師と参加者の対話が重要なのは当然のこ
とですが、参加者同士の対話も欠かせないものです。参加者
同士の対話がない研修は、どこか不満感が残るものだという
のはすでに紹介した通りです。また、グループワークなどに
より、研修に参画する場をいかに設計していくかは講師の腕
の見せどころでもあります。

では、参加者同士の対話を促し、グループワークの効果を
最大化するためには、どのような方法をとればいいでしょう
か。この項では参加者同士の対話が円滑に進むかどうかのポ
イントとなる「グループの人数」という観点を中心に、具体
的に考察していきます。

本項の Key word

「グループワーク」
「グループの人数」
「ペア」
「グループがつくりづらい時」

積極的なグループワークを促すポイント

グループの人数は何人が適切か

　研修参加者と講師のコミュニケーションはもちろんのこと、参加者同士のコミュニケーションも参加者主体の研修の大切な要素です。

　参加者同士のコミュニケーションは、お互いのアイデアや経験を共有できるという大きなメリットがあります。**講師からの情報提供とは違った視点が共有できる仲間からの意見のほうが受け止めやすい**といった効果もあります。

　では、グループを形成する人数は何名がいいのでしょうか。

　まず他の人とコミュニケーションをとるからには、1人ではできませんので、最少人数は2人ということになります。最多人数は、その日の研修に参加している全員で一斉にということになります。

　基本的には5〜6人をひとつのグループとします。それに**2人でのペアワーク**を組み合わせると良いでしょう。ただし、例外的に3〜4人、7人以上、参加者全員でグループワークをすることも起こり得るでしょう。

　そこで、以下では、基本のケースと例外的なケースに分けて、それぞれ進め方の注意点を考えていきます。

◎**グループのつくり方**

●**基本的な進め方**
　5〜6人のグループ　もしくは　2人

●**例外的な進め方**
　3〜4人、7人以上、参加者全員

Trainer / Instructor Handbook　　241

基本①　短い時間でもワークができるペア

　これは、自分以外の人が１人しかいない、学習環境としては最も安全な単位です。

　ペアには、次の３つの特徴があります。

◎ペアの特徴

●**安心感のある学習環境である**

　・研修参加者は自分の意見や考えなどを発言する際、「こんなことを言っても大丈夫だろうか」「間違っていないだろうか」「わかってないのは自分だけではないか」「他の人についていけているだろうか」など、色々な心配をしながら話をしていることが多い

　・話す相手が１人の場合、そうしたプレッシャーを最小限に抑えられるため学習環境としては最も安全となる

●**コミュニケーションが密である**

　・１対１なので、常に聞き役または話し役として密なコミュニケーションがとれる

　・数名グループになると他の何名かが積極的に発言している間に聞き役に回ったり、自分の考えを整理したりすることができるが、２人の場合は常にお互いにかかわらざるを得ないので、沈黙の時間をとることが難しくなる

●**時間を短縮できる**

　・「全員が発言し、まとめる」というグループワークの一連の流れが、多人数に比べて短時間で済む

◎**２人ペアが向いているケース**

●**コミュニケーションをとってほしいけれど短時間で終わらせたい場合**

●**じっくりと本音で話してほしい場合**

●**研修開始直後など、緊張感が高い時の自己紹介**

242

注意したいのは、**常にペアワークにしない**ことです。

短時間で済むため手っ取り早いといった理由で、**常にペアワークにしてしまうと、自分の考えを整理する時間をとれずにストレスを感じる人も出る**でしょう。

また、**ペアの相手を固定しない**ことも大切です。中には、相性が悪いペアができてしまう場合があるので、色々な人とペアになるように組み合わせを変えていきましょう。

基本② グループワークに最適な５～６人

いわゆる「グループワーク」に最もお勧めなのは５～６人です。

適度にダイバーシティがあるため、意見の共有やアイデア交換から得るものが大きくなります。かと言って、かかわらずにやり過ごせるほど大人数ではないため、全員がワークに参画しやすい人数です。

グループワークを行う場合、リーダーを決めて進行したり、後に発表してもらったりしますが、リーダーにとってもまとめやすい人数です。また、ペアに比べると、他の人が発言している間に自分の考えをまとめる余裕もあります。

なお、運用の際は、次の３つの点に注意します。

◎５～６人グループの注意点

●リーダーを固定しない

・リーダーを固定することによるリスク（リーダー以外の人の参画が弱まる、リーダーとグループの相性でアウトプットの質が左右されるなど）を避ける

●全員が発言できるように工夫する

・発言の早い人や「声の大きい」人ばかりが話していて、他の人は聞き役に回ることがないように、１人ひとり考えたうえでグループワークを行う

学習環境をつくりだす

Trainer / Instructor Handbook　243

●有効に時間を使う工夫をする
・「思いついた人からどんどん自由に話しましょう」などと声をかけて、譲り合ったり、遠慮し合ったりせず、自由な発言を促す
・参加者にも見えるようなタイマーのアプリを使用して時間を意識してもらう（167ページ参照）

例外①　３〜４人グループは「仕切り」が起こりやすいので要注意

　一般的に言う「グループワーク」に適した人数は５〜６人ですが、人数のバランスによっては、３〜４人のグループにせざるを得ない場合もあるでしょう。

　中には３〜４人がグループとして最適という考えもありますが、ダイバーシティの観点からは人数が少なめですし、グループ内の特定の人が「仕切る」ことが起こりやすい人数でもあります。

　たとえば３人の場合、主張の強い人がいると、その人の発言を他の２人がずっと聞かされることになりやすいという具合です（なお、５〜６人であれば、他の人にも発言の機会を提供しなければいけないという心理が生まれやすくなります）。

　３〜４人のグループは、比較的短時間で何かを話してもらいたい時や、２人では広がりがないかもしれないと感じるような場合にとり入れます。

例外②　７人以上のグループ

　１グループが７人以上になると、議論に時間がかかりますし、１人ひとりの発言の機会が少なくなりますので、一般的なグループワークの人数としては、適切ではありません。

　ただし、その日の参加者全体を何かの意図をもったグループ分けをしたりする場合、一時的に７人以上の人数になることがあってもいいでしょう。

　たとえば、24人の参加者がいてA、B、Cという３つの選択肢それぞれ

について考える際は、8人前後のグループが3つできることになります。こうしたワークの数分間限定であれば、8人グループができても、特に大きな支障はありません。

例外③　参加者全員をひとつグループする

時には参加者全員でひとつのグループとなることも有効です。つまり、1人が全員に対して発言するということです。

ただしこれは、学習環境の観点で言うと、最もプレッシャーが高い状況ですので、話してもらう内容や自己開示の程度、時間配分や発言量などを注意深く設定する必要があります。

◎**全員を1つのグループにする**

活用例：研修終了時に、「今後何を実践しようと思っているか」を1人ずつ全員の前で発言してもらう
・特に社内での研修の場合は、仲間への「宣言」となり、発言への責任感が生まれ、研修後の行動変容につながりやすいという点で効果的
・ただし、終了時までには安心して学べる学習環境をつくることができていて、不必要な緊張感がなくなっているというのが前提となる

避けたいケース：研修開始時の自己紹介を1人ずつ全員の前で行う
・研修開始時は特に緊張感が高く、自分が何を言うかを考えたいため、他の人の発言はほぼ聞いていない
・自己紹介は少人数で行い、徐々にかかわる人数を増やしていく

ここまで、ペアから参加者全員まで、様々な人数のグループの特徴や注

意点を考察してきましたが、研修では**メンバーも人数も固定しないことが大切**です。

様々な参加者と話すほうが、話す相手にダイバーシティがあり、様々な見解やアイデアが聞けるというメリットが得られるからです。

また、個性が強い、相性が合わない、考えが否定的であるといった人がいた場合、固定メンバーだと他のメンバーへのマイナスの影響が大きくなりますが、常に入れ替えをすることで緩和できます。

グループ分けの方法を工夫して、楽しみながら学びを大きくしていきましょう。

グループワークの問題点への対処法

物理的な制約を克服する

「参画型の研修をしたいのだが、物理的制約があって難しい」という悩みをよく聞きます。

物理的制約というのは、たとえば人数が多い（100人を超える）、レイアウトがスクール形式で固定されている、あるいは、狭いため机が動かせない、時間が非常に短い（たとえば20～30分）、など様々なことが考えられます。

たしかに、スクール形式の教室で100人を超える参加者で席が埋まっているような状況は、グループワークには最適ではありません。

しかし、だからと言って、「講義するしかない」という結論には至りません。

たとえば、次のような方法が考えられるでしょう。

物理的な制約があるからとあきらめず、クリエイティブに考えて取り組んでいきましょう。

> ◎**グループがつくりづらい場合の対処法**
>
> ● **ケース①　机に番号がついている場合**
>
> →**机の番号を基準にグループをつくる**
>
> （例）奇数列の人は後ろを向いてもらい、3人掛けのテーブルで後ろ
> を向いた奇数列の人と、その後ろの偶数列の3人（合計6人）を
> ひとつのチームとする
>
> ● **ケース②　机に番号がついていない場合**
>
> ・目印となるようなもの（カラフルな色のボールなど）を奇数列の
> 端に配っておく
> ・ボールがテーブルに置かれている人を基準にグループをつくる（ケ
> ース①同様に、前後の席で6人グループをつくる）

　また、もっと自由度を高めたい場合は、数人に1つずつくらいになるよ
うに、ボールを配布しておくこともできます。

**「ボールが席にあった方が、チームリーダーです。チームリーダーは、チ
ームメンバーを3〜5人、リクルートしてください。4〜6人のチームを
結成することがリーダーのミッションです」**

　このように任せることもできるでしょう。
　移動してのグループワークは難しいかもしれませんが、ペアや3人まで
ならば、着席したまま、問題なく進められるでしょう。

　また、移動が難しい場合や、さらに人数が多い場合は、全員でひとつの
グループとして動いてもらうこともできます。その場で立ったり座った
り、という方法です。
　たとえば、次のように進めていくことができるでしょう。

◎**全員をひとつのグループにする**

①全員に立ってもらう

②講師が指示する
　「〇〇について、答えがAだと思う方は着席、Bだと思う人は立ったままでいてください」

③参加者のアクションを待ち、正解を伝える

5-6

学
習
環
境
を
つ
く
り
だ
す

反応があまりない場合の対応方法

　参画型の研修をデザインし、楽しく主体的に学べる学習環境をつくり出しても、いざ研修を始めると、思ったように盛り上がらない、リアクションが薄い——これもよくあることかもしれません。

　参加者の反応が薄いと、自分の研修がおもしろくないのか、理解されていないのか不安になってしまう、という方もいることでしょう。

　そこで本章の最後では、研修時に反応があまりない場合の対応方法を考えていきます。

本項の Key word

「反応が薄い」
「リアクション」
「考える時間」
「意思表示」

Trainer / Instructor Handbook　249

予想していたような反応がない場合どうするか

「反応がない＝つまらない」という誤解

　あるクライアントで社内講師を対象とした「トレーナー養成ワークショップ」を行った時の出来事です。参加者は18人ほどで全員が男性、エンジニアの方がほとんどでした。
　「トレーナー養成ワークショップ」は、2日間のプログラムです。ちなみに、このプログラムは、これまでに何度となく行っていて、いつも「とても楽しみながら学ぶことができた」と好評を得ていました。
　ところが、その日の研修の雰囲気はいつもと違っていました。
　1日目がスタートし、昼休みに入るまでの間、一度も笑い声を聞く機会がありませんでした。いつもこの研修では、緊張した空気は最初の数分でなくなり、笑顔や笑い声が絶えない雰囲気で研修が進んでいくので、その日は不安になってしまいました。
　ですが、内容には信念をもっています。
　大きく動揺することも、雰囲気に影響されて内容をその場で変えることもなく、昼休みを迎え、担当者の方と、「今日は静かですね……」などと話しながら昼食を終え、午後のプログラムがスタートしました。

　午後のスタートにあたり、午前中の内容や手法を振り返ってもらいました。1人3枚付せんに記入し、それをフリップチャートに貼って、グループ内で共有してもらったのです。何を書いているのか私も興味津々だったので、各グループの共有内容を見て回りました。
　すると、「楽しい」という言葉が、どのグループでも挙がっていたのです。

　これには思わず驚きました。参加者の表情やリアクションからは、その言葉は想像できなかったからです。

その後は徐々に雰囲気も明るくなり、「いつものような」リアクションも増え、楽しく充実した2日間を終えることができました。幸いなことに高い評価を受け、それ以来、毎年、そのクライアントで同ワークショップを実施する機会を得ています。

　講師・インストラクターも人間です。

　自分の話に大きく頷いてくれるなど、問いかけに対して反応が多いほうが研修を進めやすいと感じるのは自然なことです。

　ですが、反応がない場合でも、すぐにネガティブに考える必要はありません。それは、**1人ひとり学習スタイルが異なる**ためです（1-3参照）。

　先のエピソードでは、その日の参加者は、新たな情報を受け取った際は、じっくり考えたい考察タイプの方が多かったのでしょう。最初に伝えた内容がとても新鮮だったため、いったん受け止めて、自分の中で咀嚼する時間が必要だったのです。その間は表面に出てくるリアクションとしては、「静か」だったということでしょう。

「静かで反応がない＝つまらない」というわけでないのです。

慣れていないことには反応できない

　普段、参加者が身を置いている組織文化や、日ごろのコミュニケーションスタイルによっても、反応の種類は様々です。

　たとえば、常に上司が指示を出して部下は従うという企業文化の中では、講師の問いかけに対して自発的に発言するということに慣れていないかもしれません。

　また、研修に参加した経験が少ない人は、研修自体に慣れていないため、学生時代のように正解は教えてもらうものだと思っていて、自分で答えを導き出すことに慣れていないというケースもあります。

日ごろの行動パターンとのかい離が大きいと、講師が求める反応がなかなか返ってこなくても不思議ではないのです。

Trainer / Instructor Handbook　251

では、反応が少ない中で、どのようにして主体性を高め、学習のプロセスにかかわってもらうことができるでしょうか。

　その方法を考えていきましょう。

反応があまりない場合の対応法

講師がニュートラルであり続ける

　まず講師が振り回されることなく、ニュートラルな気持ちで接し続けることです。先ほど述べたような場面でも、「期待と違ったのだろうか」「興味がないのだろうか」などと、すぐにネガティブに考えないようにすることが大切です。

「反応がない＝やる気がない」と決めつけてしまうなどはもってのほかです。

　盛り上げようとするあまりの空回りも、かえって逆効果です。

　講師自身の話し方や立ち居振る舞いで雰囲気を盛り上げようとしては、講師だけが浮いているような状況にもなりかねません。

ひとりで考える時間を十分にとる

　反応の違いは、大きくは学習スタイルの違いに由来します。

　じっくりと考えたいタイプの方が多いと、研修全体が比較的静かになります。そのような時は、無理に発言を促すのではなく、個人で考える時間を十分にとりましょう。

**　参加者全員が考えたり、リフレクションしたり、ページをめくったり、何かを書いたりしている時間をつくるのです。**

　講師からすると、「しーん」とした時間に耐えられないと思うかもしれませんが、**参加者には必要な時間**なのです。

252

新しく得た情報は、そのままでは本当の意味で自分のものにはならず、自分の中で解釈し、意味を見出すことが必要です。その解釈や見出した意味こそがその人にとって価値のある情報であり、それが長期記憶に残り、自分のものになります。

　そのため、情報を咀嚼する時間はとても貴重なのです。

　だからと言って、グループディスカッションは避けたほうがいいというわけではありません。**個人で考えを整理する時間を十分にとった後にディスカッションする**という流れにすることで、自分自身の中で咀嚼したうえで、活発な意見交換が成り立ちます。この経験によって、より長期記憶へと定着しやすくなるでしょう。

簡単な方法で意思表示してもらう

　発言することに慣れていないような場合は、**発言以外の方法で意思表示をしてもらう**方法も考えましょう。

　発言はハードルが高い場合でも、手を挙げる、立つ、座る、などの動作で示してもらうことは可能なことは多いものです。

　次のような動作を伴うことで、意思表示をしないという選択がしにくくなります。

　いずれにしても大切なのは、間違えた回答をしたことで叱責されたり、恥をかいたりするような状況をつくらないことだというのは、他でも述べた通りです。

◎発言以外の方法で意思表示してもらう方法

挙手による意思表示
「Aだと思う人は手を挙げてください」
「Bだと思う人は手を挙げてください」
→これでは、どちらにも挙手しない参加者が出てくる可能性がある

①立つ、座るによる意思表示
　全員に立ってもらう
　　↓
　「Aだと思う方は座ってください」

②移動による意思表示
　全員に立ってもらう
　　↓
　「Aだと思う方は窓際に、Bだと思う方はドアのところに集合してください」

第6章

研修を効果的に運営する
〜デリバリーとファシリテーションのコツ〜

Trainer / Instructor Handbook

6-1

脳のメカニズムに合わせた 研修を行う

　講師・インストラクターになったからには、参加者にとってわかりやすく、役に立つ研修にしたいと、誰もが思うでしょう。そんな思いとは裏腹に、うまく進まないことがあります。しかもその理由は、ちょっとしたコツを知らなかったというだけであることも──。

　そんな事態を少しでも回避するために、本章では、デリバリー（伝え方）やファシリテーションのコツを紹介していきます。

　本項では脳のメカニズム、特に「マルチタスク」という観点で、うまくいかない典型的な場面と、その対策を考えていきましょう。

本項の Key word

「マルチタスク」
「視覚情報と聴覚情報」
「ブラックアウト」
「沈黙」

研修運営がうまくいかない典型的なケース

ケース①　注目してもらえない

　研修運営がうまくいかない3つのケースを考えていきます。

　あるスライドを見せながら、内容を説明する講師。
　今、見てもらっているのは、今回の研修で伝えたいポイントの全体像が描かれた重要なスライドです。まずは全体のつながりを伝えようと、精一杯わかりやすく説明をしようとしています。

「現段階では細かい点は気にせず、まずは全体像をつかんでください。5つの大きな項目がありますが、この後、1つひとつを丁寧に解説していきます」

　参加者は、同じ情報が掲載された手元の資料を確認しながら、講師の説明を聞いています。
　すると、1人の参加者が手を挙げました。
「あの、項目3の4に書かれている文の意味がよくわからないのですが」

　この時、講師はこう思うでしょう。
「今は、そういう細かいところまでは気にしなくていいと言ったのに……」
　これは、運営がうまくいっていない典型的なケースです。

ケース②　ノートをとるのに必死になっている

スライドに投影されたキーワードを見ながら、それを見て、熱心に書き写す参加者。

今回の研修の配布資料は、空欄を埋めてもらう形式になっています。自分で書くことは記憶への定着を図る効果があるので、この形式をとり入れました。

熱心に書き写しを進める途中で、ある参加者が手を挙げました。

「すみません、ひとつ前のスライドでちょっと質問があります。これについて、例外というか、当てはまらないケースも少なくないように思うのですが、その点について考えを聞かせてください」

この時、講師はこう思うのではないでしょうか。
「当てはまらないケースはあると、さっき例を挙げて説明したのに、聞いていなかったのかな」

これも、運営がうまくいっていない典型的なケースのひとつです。

ケース③　考える時間がない

研修も終盤にさしかかった時のことです。今日の参加者はとても前向きな方が多く、説明を聞きながら熱心にノートをとり、眠そうにしている人はいませんでした。

この後は、ここまでの内容を総合したケーススタディに取り組んでもらいます。基本的な理解があればできる内容のため、もしかしたら今日の参

加者には簡単すぎるかもしれないと思いながら、ケーススタディの進め方を説明し、各グループでの話し合いがスタートしました。

部屋の中を巡回しながら様子をうかがっていると、不思議なことが起きました。

話し合いの内容を聞いていると、意外なことに基本的な理解ができていない人が多いようです。

熱心にノートをとって、集中している様子だったのに、なぜ基本的な事柄が理解できていなかったのか、不思議でなりませんでした。

脳のメカニズムに合わない研修はうまくいかない

3つのケースに共通の理由を考える

順調に進んでいるかのように見えた研修がうまくいかなかったことには、ある共通の理由があります。それは、以下の**脳のメカニズムに合った教え方になっていない**という点です。

1. 脳はマルチタスクができない
2. 視覚から入る情報と、聴覚から入る情報では、視覚からの情報が優先される人が多い
3. 受け取った情報を処理するための時間が必要である

先のケースの背景を1つずつ見ていきましょう。

○ケース①の問題点

　講師はスライドに情報を投影し、かつ参加者の手元にも同じ資料がある状態でしたが、耳から入る情報と目から入る情報がある場合、人はどちらかを優先することになります。その際、**聴覚情報より視覚情報のほうが優先される方が多い**というのは、すでに述べたことです。

　そのため、講師の言葉は耳に入らず、書かれている情報を読んで理解しようとすることが優先されてしまっていたのです。講師が話している内容ではなく、目の前にある資料についての質問が出てきたのには、こうした理由があるのです。

○ケース②の問題点

　参加者は、スライドに投影されるキーワードを書き写していました。しかし、講師はその間も解説をしています。

　しかし、「**考えをまとめて書く**」と、「**話を聞いて理解する**」というマルチタスクはできません。また、ケース①同様、**聴覚情報よりも視覚情報のインプットが優先される方が多い**ため、書くことに精一杯になっていたのでしょう。だから、講師の話は耳に入っていなかったのです。

○ケース③の問題点

　熱心で前向きな参加者だったのに、ケーススタディをスムーズに進められなかったのはどうしてでしょうか。

　参加者は講師の説明を聞いてノートをとることに終始していました。これは、「**情報を受け止めるのに精一杯な状態だった**」と考えることができます。

　脳は、新しく情報を受け取ると、すでにもっている情報と関連付けて整理、処理し、必要に応じて必要な場所へと納めます。

　整理、処理する時間が十分になければ、新しく受け取った情報はまだ納め切られていない状態です。ケーススタディを行うためにアウトプットしようとしても、うまく出てこなかったのはこのためでしょう。

脳はマルチタスクができない

特に、「1．マルチタスク」については、反論を受けることがあります。「いや、自分はマルチタスクができる」と考えている方もいるでしょうし、「仕事ができる人＝マルチタスクをこなす人」というイメージがあるかもしれません。

ですが、現時点での脳科学的な見解としては、**脳はマルチタスクができない**というのが主流です。マルチタスクで多くのことをこなせるイメージとは逆に、生産性は下がり、情報を取捨選択する能力なども低下し、ストレスが高い状態が続くことによる悪影響まで起きるのです。これは研究によっても明らかになっていることで、たとえばロンドン大学精神医学科が行った、1000名のイギリスのビジネスパーソンを対象にした調査報告によると、メールや電話によって気が散っている被験者たちのIQは、徹夜明けの時の数値とほぼ等しいといいます。また、スタンフォード大学のレポート（2009年8月24日付）によると、マルチタスクが常態化することで、脳の重要なふたつの場所（前頭前皮質と海馬）が損傷を受けるといいます。

ノートを書きながらも講師の話を聞いている、つまり、自分はマルチタスクができる、と主張する人は、それは単にとても短い時間で、聞くことと書くことのタスクを切り替え続けているだけで、同時に両方できている

わけではありません。それどころか、**複数のタスクを短時間で切り替える**ことを頻繁に行っていると、ドーパミンの分泌が増え、悪い刺激の習慣として身に付いてしまうという**弊害**があります。

脳のメカニズムを意識した研修運営

参加者の情報処理をスムーズにさせるコツ

　冒頭に見たケースのように、参加者の情報処理がうまくいかず、学習効果を下げることのないように、講師は脳のメカニズムを意識した研修運営を行う必要があります。特に次の4点に注意を払うだけで、参加者の反応は大きく変わるでしょう。

〈脳のメカニズムに則った研修運営のコツ〉

視覚と聴覚の バランスをとる	・聴覚と視覚を組み合わせるなど、五感を使った学習は効果的だが、視覚と聴覚に同時に大量の情報が押し寄せると、視覚情報が優先されることが多い（個人差がある） ・その特徴を踏まえ、スライドはシンプルで必要最低限の情報とし、聴覚から入る説明にも耳を傾けられる状態をつくる
読まなくていい情報 は見せない	・読まなくてもいいと言われても、目の前に情報があると読んでしまうのが脳の特徴のひとつ ・見せるのであれば読む時間をとる、読まないほうがいいのであれば見せないなど、適切なタイミングで必要な情報を提供する
ブラックアウトする	・スライドを読み終えたら、あるいは見る必要がない時は、ブラックアウト機能を使って、スライドを真っ黒にする ・視覚からの情報がなくなれば、自然と講師のほうに注意が向く
沈黙する	・参加者がノートをとっている時、読んだり考えたりしている時は、講師は沈黙する ・沈黙が怖いという意見もあるが、沈黙が怖いのは講師側の都合であり、参加者にとっては必要な時間である

6-2

双方向的なレクチャーを実現する

　研修を行う中で、講師・インストラクターからのレクチャーは欠かせないものです。しかし、いざレクチャーを行おうとすると、一方的なものになってしまうことが多々あるでしょう。

　そんな時、挙手を求めたり、突然、指名をしたりするのは効果的ではありません。そういったレクチャーでは本質的に双方向的なものとは言えませんし、学習効果にも悪影響を及ぼしかねないことはすでに述べた通りです。

　では、どのようにすれば一方的なレクチャーを双方向的なものにできるのでしょうか。本項では、具体的な対策を考えていきます。

本項の Key word

「一方的なレクチャー」
「双方向的なレクチャー」
「参画の時間」
「予想」
「意思表示」
「リビジット」

Trainer / Instructor Handbook　263

なぜ、レクチャーは一方的になってしまうのか

理想的なレクチャーの姿とは

　これまでに本書で紹介してきたのは、一方的で退屈なレクチャーをできるだけなくし、双方向的で、かつ参加者が学びに主体性をもってもらうためのインストラクショナルデザインやファシリテーションの方法です。

　とは言え、研修の場で、講師からのレクチャーがまったくゼロになるわけではありませんし、その必要もないでしょう。**大切なのは、レクチャーがずっと一方的でないことであり、8分に1回は参加者が能動的になる時間、つまり、参画してもらう時間を設けることです。**

　それが**双方向的なレクチャーの目指す姿**です。

　しかし実際の研修では、次のような場面が数多く見られます。

　こういった一方的なレクチャーを、双方向的なものに変えていくにはどうしたらいいでしょうか。具体的なケースを元に考えていきましょう。

　講師が一方的にしゃべり続けて数分経つと、集中が途切れたり、他のことに意識が向き始めたりする参加者が出てきます。話している講師も気づきました。

　何とかして参加者の注意をこちらに向けてもらいたいと考えます。ここで、一方的だからいけないのであれば質問してみようと考える方は多いでしょう。

「こういった話、どこかで聞いたことがあるよ、という方はいらっしゃいますか？」

　しかし、反応はなし。仕方がないので、そのまま話を続けます。

また数分が経過しました。いよいよ眠そうにしている人が増えてきたので、何とかしなければなりません。

「ちなみに、この考え方をもう導入している部署はありますか？」

　すでに導入している部署があることは知っているので、絶対に誰か手を挙げてくれるだろうと思って投げかけてみましたが、やはり手は挙がりません。
　突然の指名は良くない（5-4参照）ので、指名したい衝動を必死に抑えます。

「導入している部署もあるという話は聞くのですが、ちょっと皆さんの前で発表するのは気が引けるのでしょうね。良かったらまた後でお話を聞かせてください。では、次に進みます」

　これはよくある研修の風景かもしれませんが、このようなやり取りが続くと、講師の側も問いかけをするのが嫌になってきます。問いかけても反応がないという場は、講師にとっては心地良いものではありません。

双方向的なレクチャーは可能なのか

　さて、上記のような反応がない一方的なレクチャーには、どのような問題点があるのでしょうか。また、どのようにしたら一方的なレクチャーを双方向的なものにできるのでしょうか。
　上記の事例では、一方的なレクチャーを避けるために、参加者に対して問いかけをしていました。
　誰かが手を挙げ答えてくれたら、それでいいのでしょうか。
　講師が質問をし、参加者が答える。そこには講師と参加者のやり取りが生まれていますので、双方向的なコミュニケーションが成立していると言

Trainer / Instructor Handbook　265

えます。

　ですが問題は、発言していない人は参画していないという点です。ごく一部の人は積極的に発言して参画していたとしても、それ以外の人は聞いている状態が続くわけです。

　5-2でも述べたように、**全員を研修に巻き込む工夫が必要**なのです。

　レクチャーであっても、全員を巻き込み、双方向的なものにすることは可能です。講師が講義をしている時間でも、参加者が主体性をもってかかわる環境をつくることはできるのです。

　以下では、レクチャーを双方向的なものにするアプローチとして、①**予想**、②**意思表示**、③**リビジット**の3つを見ていきます。

双方向的なレクチャーを実現する3つのアプローチ

アプローチ①　予想

　参加者に予想してもらうという方法です。たとえば次のような使い方が可能です。

```
◎話の先の展開を予想してもらう
┌─────────────────────────────────────┐
│ 講師が何かのストーリー（事例、体験談、エピソードなど）を話す │
└─────────────────────────────────────┘
              ↓
┌─────────────────────────────────────┐
│「次に私はどういう行動をとったと思いますか？」などと途中で質問を挟む│
└─────────────────────────────────────┘
              ↓
┌─────────────────────────────────────┐
│ 先の展開を参加者に予想してもらう                  │
└─────────────────────────────────────┘
              ↓
┌─────────────────────────────────────┐
│「私のとった行動は……」とストーリーの続きを話す      │
└─────────────────────────────────────┘
```

　ストーリーは、感情移入するほど、記憶に残ります。**予想しようと登場人物の立場になって考えることで、登場人物に共感し、感情移入し、記憶にも定着する**という効果が期待できます。

　参加者1人ひとりが考える時間をとったうえで、隣の席の人と予想した内容を話してもらうこともできます。講義に巻き込むことが目的なので、参加者の予想を発表してもらう必要はありません。とても短時間で実践可能です。同じ要領で、次のような方法への応用が可能です。

・**データや関連する写真、映像などを見てもらい、解説の前に予想してもらう**
　（データは何を意味するのか、この写真はいったい何なのかを考えてもらう）
・**クイズを出して答えを予想してもらい、その後、答えを紹介しながら解説する**

アプローチ②　意思表示

　これは、「はい」なのか、「いいえ」なのかなど、簡単なことを全員に答えてもらう手法です。

　冒頭の例のように、「そんな話、どこかで聞いたことあるよ、という方はいらっしゃいますか？」「この考え方をもう導入している部署はありますか？」という問いかけの場面で、なぜ手が挙がらないのでしょうか。おそらくほとんどの場合、**「手を挙げたら指名されて何かを話さなければいけなくなるかもしれない、それは嫌だ」**という心理が働くため、挙手をしないのでしょう。

　いくら講師が、「当てませんから、『ある』という方は挙手してください」と言ったとしても、用心深い人は手を挙げないかもしれません。

　ここで、**挙手の代わりに、立つ、移動するなどの動きを伴う方法で意思表示してもらう**ことができます。たとえば、次のような方法です。

◎**動きを伴う方法で意思表示をしてもらう**

- 「はい」「いいえ」を確認する

　　　全員に立ってもらう

　　　「いいえ」の人に着席してもらう

- 3つ以上の選択肢がある場合
　「Aはここ、Bはあそこ、Cはそこ」などのように場所を指定して移動してもらう

　このように**動きを伴うと、「意思表示しない」「参加しない」ことが選択しづらくなり、全員を巻き込みやすくなる**のです。

　「はい」の人が何人くらいいるのかを知りたいだけであれば、そのまま話を進めても構いませんし、ディスカッションに発展させたい場合は同じ

答えを選択した人でグループになってディスカッションしてもらってもいいでしょう。

　動きを伴った方法で意思表示してもらう方法をとることで、挙手に比べると発言に対するハードルが下がります。そのため、発言を促すと答えてくれる可能性も高くなるでしょう。

アプローチ③　リビジット

　講義の内容を理解しているか、あるいは説明したことを覚えているかを確認したい場合、問いかけをし、答えを考えてもらう方法です。

◎**リビジットの手順**

「……この場合、最も適切な対応はどれですか？　Aは○○○、Bは△△△、Cは×××」

参加者に考えてもらう

（理解度を確認する場合）
「アプローチ②　意思表示」の方法で答えてもらう

　出題して、指名して答えてもらう方法はとらず、指名する代わりに、答えを考えてもらった後、「アプローチ②　意思表示」で紹介したような方法で答えてもらいます。

　あるいは、答えを考えてはもらうものの、発表や意思表示を求めず、講師が回答を示して解説することもできます。

　あくまでも**目的は講義に巻き込むことなので、誰が正解しているか、間違えているかなどの確認は不要**なのです。

6-3

ワークショップを円滑に運営する

　本書で紹介してきた「参加者主体の研修」を行ううえで、グループワークやディスカッションといったワークショップは欠かせないものです。

　ワークショップの効果的なとり入れ方についてはすでに述べましたが、ここでは、ワークショップを運営するうえで注意したいポイントを考えていきます。

　ちょっとしたファシリテーション、デリバリーのコツがワークショップを円滑に進め、ひいては学習効果にも影響を及ぼします。具体的な手法を考えていきましょう。

本項の Key word

「ワークショップ運営」
「ワークショップの説明」
「指示」
「プレゼンテーション」

ワークショップがうまく進まない理由

わかりにくい説明がワークショップの運営を妨げる

　参加者の参画が多い研修を設計すると、参加者に多くのグループワークやディスカッションに取り組んでもらうことになります。ここで注意しなければいけないことがあります。それは、ワークショップの内容や進め方をわかりやすく説明することです。

　説明がわかりにくいと、ワークショップからのアウトプットが浅いものになってしまったり、ポイントがずれてしまったりする可能性があります。**かけた時間に対して学習効果が小さくなってしまっては、ワークショップの意義が果たせなくなってしまうのです。**

　たとえば、参加者から次のような反応が出ているようならば、ワークショップの指示の仕方を見直す必要があるでしょう。

　本項では、こうした事態を防ぐために、ワークショップを指示する際のコツを紹介します。

◎**ワークショップの指示がわかりにくい場合の主な反応**

- 「○○についてもう一度説明お願いします」「これは何でしたっけ？」などと、説明したはずの内容に関する質問があちこちから出て混乱している
- 時間内に3つのことを終えてもらうよう伝えたのに、1つだけのための時間だと勘違いされ、3つを終えられなかったグループが続出している
- 期待していたレベルのアウトプットが出てこない、深堀りができておらず、予想していたよりも回答が浅い
- 求めていた結果と異なる方向に進んでいるグループを途中で発見し、軌道修正する必要がある

Trainer / Instructor Handbook　271

ワークショップを円滑に進める指示のポイント

ポイント①　結論を最初に言う

　プレゼンテーションなどでよく言われることですが、ワークショップでも同様です。次の例を見てみましょう。

「今から各グループに封筒を渡します。封筒の中には色々な部品が入っています。その部品は全部使っていただいてかまいませんが、そこに入っていないものは使わないでください……（以下続く）」

　これでは、「部品？　全部？　他のもの？」など、様々な疑問がわいてしまいます。このように、内容の説明から始めると、細かい点などに注意が向き、最終的なアウトプットが何かに対する意識が薄れてしまうでしょう。

「この後、10分間で、
チームでひとつのものを制作していただきます」
「ここから15分間で、
ある課題に対して結論を出していただきます」

　このように、ワークショップの指示を行う際は、**「最終的なアウトプットは何か」** を最初に短く伝え、その後に具体的な内容の説明を行いましょう。

ポイント②　短い文に区切る

文は長く続けず、短く区切ります。

◎ 1文が長い

ここから15分間で、ここまでの内容の理解を深め、実践に向けて考える目的ために、○ページから○ページに記載されている課題に取り組んで結論を出していただくのですが、1番～5番までは、全チーム必須で、6番以降は、時間に余裕があるチームは取り組んでみてください。／個人で考える時間を数分間とって、その後にチーム全員で話し合って、結論を口頭で発表していただきますので、書いてまとめる必要はありません。

これでは、長くてわかりづらいです。
　1文を短く区切って、以下のように言い換えると印象は大きく変わります。参加者にとって理解しやすいのはどちらか、一目瞭然と言えます。

◎ 1文を短く区切る

ここから15分間で、ある課題に対して結論を出していただきます。／これは、ここまでの内容の理解を深め、実践に向けて考える目的です。／課題は、○ページから○ページに記載されています。／1番～5番までは、全チーム必須です。／6番以降は、時間に余裕があるチームは取り組んでみていただけますか。／チームで話し合う前に、個人で考える時間を数分とることをお勧めします。／その後に全員で話し合って結論について合意してください。／
発表は口頭ですので、書いてまとめる必要はありません。

ポイント③　丁寧な言葉で話す

　ワークショップの説明をする際は、参加者に何かを命令するような口調にならないように注意を払います。これは、ワークショップの説明に特化したことではなく、研修全体に言えることですが、上から目線で話されることが好きな方はあまりいないはずです。

　講師が目上、参加者が目下ということではありません。単に異なる役割を担っているだけなので、上下関係はありません。

　ワークショップなど、参加者に何かを行ってもらう際は、丁寧な言葉で話したほうが受け入れやすいのではないでしょうか。それが参加者を尊重するということでもあります。

　たとえば、以下のフレーズをとり入れると、参加者が受け取る印象は大きく変わります。

◎**参加者には丁寧な言葉で話す**

- ●～していただけますか
- ●～をお願いします
- ●～していただいて良いでしょうか
- ●お・ご～ください

ポイント④　笑顔で言い切る

　同じ言葉を発せられても、笑顔があるかどうかで大きく印象は異なります。押しつけるような上から目線にならないよう、笑顔で話しましょう。「言葉は丁寧に」が基本とは言え、曖昧な言い方では混乱が生じますので、言い切ることも大切です。

◎笑顔で、明確に言い切る

「もし良かったら、ホワイトボードにポイントをまとめて書いていただけますか？」

↓

「発表に備えて、各チーム、ポイントをホワイトボードにまとめていただけますか？」

　上の「もし良かったら」という言葉を聞くと、参加者は、「書いてほしいのか、書かなくていいのかどちらなのだろう」と混乱する可能性が高くなることは容易に想像がつきます。
　そこで、下のように参加者にやってほしいことを明確にしたうえで、笑顔で言い切りましょう。

6-4

質問対応

　参加者からの質問に的確に答えられるかどうか——これは、講師・インストラクターの頭を悩ませるシーンでしょう。

　質問を受けることに慣れていないという方もいるかもしれませんが、質問は意義あるものです。円滑に答え、参加者の学習効果を高めていきたいものです。

　また、中には、意図が明確ではない質問や講師自身が答えられない質問、チャレンジするような質問を受けることもあるでしょう。そうしたケースの対応方法も考えていきます。

**本項の
Key word**

「質問対応」
「質問の意義」
「4つのステップ」
「質問の意図」
「質問をしやすい雰囲気をつくる」

参加者からの質問の意義

質問を次に活かす

　答えられない質問をされたらどうしよう……。

　これは、講師・インストラクターに特有の不安でしょう。特に、参加者の参画を促す研修スタイルをとり、参加者からの発言が多くなると、質問することへのハードルが下がるため、なおさら不安になるかもしれません。

「お客様からのクレームには感謝しましょう」

　これは、ビジネスにおいてよく言われていることです。クレームを受けて楽しい人はいませんが、クレームは、改善点について学べる絶好の機会です。

　また、不満を感じても何も言わずに離れていくお客様が多い中で、クレームとして伝えてくれるお客様の存在はとても貴重なのです。

　質問も同じように考える必要があります。

　質問のおかげで、説明が不足していた点や、解説がもう少し必要だった点、誤解を生むおそれがある表現など、次回に活かせる気づきや学びを得ることができるのです。

　そもそも、質問は、話の内容に興味があるからこそ出てくるものです。まったく興味も関心もなく、早く研修が終わってほしいと願っている人は、質問をしようとは思わないはずです。**情報を整理して、質問をして、講師から回答してもらうというプロセスを通じて、参加者の学びを深めることにもなる**のです。

　以下で紹介する手法を活用しながら、参加者から出た質問に対応していきましょう。

　そして、講師としての自分自身の成長に活かしてください。

Trainer / Instructor Handbook　277

質問対応の基本ステップ

質問対応の４つのステップ

質問を受けた際の対応は、以下の４つのステップで行いましょう。

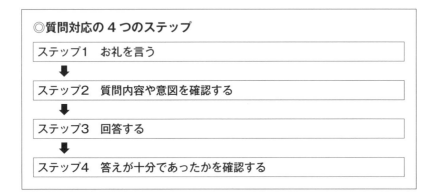

ステップ１　お礼を言う

質問を受けた時は、まずは何よりも「**ご質問ありがとうございます**」と伝えましょう。先ほど述べたように、質問は意義あるものなのです。

ステップ２　質問内容や意図を確認する

次に、質問の内容を確認します。

「今のご質問は、このデータの意味するところをもう少し解説してほしい、ということですね？」

などと、相手の言葉を言い換えたり、要約したりして、内容を確認します。

この段階では、**質問者にアイコンタクトをしっかりとりましょう。**

質問内容によっては、質問者の意図を確認することが重要になる場合があります。たとえば、次のようなケースです。

◎質問の意図の確認が必要な場合

（質問例）
「今のご説明は一般的には最も当てはまる理論だと思いますが、例外もある、という認識でよろしいでしょうか？」

「ご質問ありがとうございます。もちろん、例外もあると思います。でも、例外を考える前に、まずは原則にのっとって行動してみてください」

「ご質問ありがとうございます。もちろん、例外もあると思いますが、何か気になるケースなど実際にありますか？」
……①
「ご質問ありがとうございます。もちろん、例外もあると思いますが、○○さんのご経験から何かお話いただけるケースはありますか？」……②

この質問を文面通り受け取ると、「例外もある／例外はない」、という「YES/NO」を問うものに思えますが、質問者の意図はそうではないでしょう。例外の場合があるから一般論ですべては語れないことを主張したいという意図が見え隠れします。

そこで、①や②のように、**いったん「YES/NO」で答えたうえで、質問を返すと、**本当に言いたかったことが出てくる可能性が高まります。

質問の意図を正しくつかめないことでの行き違いは、日常的にあることです。たとえば、こんなエピソードを聞いたことがあります。

Trainer / Instructor Handbook　279

5歳の子どもが母親に、「お母さん、僕はどこから来たの？」と質問しました。母親は必死に考え、言葉を選びながら、「あのね、○○ちゃんはお母さんのお腹の中で……」と冷や汗をかきながら答えると、その子は「XX君はね、3歳の時に隣の△市から引っ越してきたって言っていたから、僕はどこから来たのかなぁって思ったの」と言ったといいます。

こうした行き違いが起こらないように、**質問者が何を求めているのかを確認してから回答する**のを習慣にしてください。

ステップ3　回答する

質問内容や意図、本当に言いたかったことが出てきたら、それに対して、講師からの回答やコメントをします。

その際に気を付けたいポイントをまとめます。

◎**質問に答える際のポイント**

- ●結論を最初に言う
- ●文を長くつなげすぎず、簡潔でわかりやすい構成にする
- ●参加者全体に向けてアイコンタクトをする

特に3点目は見落とされてしまいがちです。

質問者にアイコンタクトをしながら質問の意図の確認が終わったら、その後は質問者だけにアイコンタクトするのではなく、参加者全体に向けてアイコンタクトをしましょう。質問者だけにずっとアイコンタクトを続けると、他の人が疎外感を抱いたり、質疑応答の内容に無関心になったりするおそれがあるためです。

ステップ4　答えが十分であったかを確認する

「今の説明で、先ほどのご質問に対するお答えになりましたか？」

一通り回答を終えたら、このように伝え、その答えで十分だったかを確認します。この最後の確認は、質問者にアイコンタクトをして質問者の反応を確認します。

難しいケースへの対処法

ケース①　講師自身が答えがわからない質問

　基本のステップでは対応しきれない難しいケースから、代表的なものを2つ紹介します。
　まずは、講師自身が答えがわからない質問です。
　教える内容に関しては、事前にしっかり情報収集を行い、答えられないような質問はなくしたいものですが、それでも、その場では答えられない質問を受ける可能性はあります。
　そんな時は、曖昧なまま答えないことが大切です。
　具体的には、次のように対処します。

◎講師自身が答えがわからない質問への対処法

| 今は自分の手元に情報がないことをお詫びする |

| 後日（あるいは研修が終わるまでに）きちんと調べて回答する旨を伝える |

| その期限までに回答する |

　曖昧に答えて間違っていてはいけませんし、それでは講師としての信頼を失うことになります。それに比べると、こうした正直な対応のほうがよほど好印象です。

ケース②　講師にチャレンジするような質問

「理論は理解しましたけれども、実際はそんなにうまくいかないですよね?」

このように、質問という体裁をとってはいるものの、実は講師に反論したいケースや納得していないことを伝えようとするケースがあります。

このようなケースでも、冷静に、基本ステップのうち、ステップ1「お礼を言う」、ステップ2「質問内容や意図を確認する」の手順を踏み、内容や意図を確認したうえで以下のような方法で対応します。

〈講師にチャレンジするような質問への対処法〉

受け止める、共感する	・講師の「見解」を期待しているわけではなく、不安や異なる見解を聞いてもらいたいだけの場合もある ・背景、状況、立場が異なると意見や見方も異なることを理解し、無理に説得、反論しようとしない ・原則に対して例外があるのは一般的なことなので、例外を認めつつ、原則の意義を確認する ・障害や懸念があるかを質問者に問いかける
他の人を巻き込む	・他の人はどう考えるかを聞き、他の参加者を巻き込むことで、講師と質問者だけが対立することを避ける ・質問者にとっては、講師の意見よりも他の参加者の発言のほうが受け入れやすいため、質問者の態度が和らぐ効果も期待できる

質問をしやすい環境をつくる

質問対応で注意したい2つの言葉

　参加者にとって質問をすることは勇気がいるものです。せっかく質問してくれたのに、次から質問しづらい雰囲気をつくらないよう、細心の注意を払いましょう。

◎講師が避けたい2つの言葉

「さっき説明しましたが…」

（一通り回答したうえで）「今の内容は○○ページにも出ていますので、そちらも確認してください」

- 質問された内容が、すでに説明した内容である場合に、何気なく使ってしまいやすい表現だが、質問者側は、「説明したのに聞いていなかったのですか？」と言われてしまったような印象をもつ可能性がある
- 質問に対する一通りの解説をしたうえで、上記のように伝える

「それは良い質問ですね」

「ご質問ありがとうございます」

- 「良い質問」だと言われた人と、言われなかった人がいた場合、参加者には「良い質問」をしなければいけないというプレッシャーが生まれてしまい、質問しづらくなってしまう
- 「良い質問」かどうかは何も言わず、すべてに対して「ご質問ありがとうございます」と受けるようにする

6-5

時間管理

　研修時間の管理は、講師・インストラクターにとって必須のスキルと言えます。以下では、時間通りに進めるための5つの対処法を紹介していきますが、大切なのは、研修開始から時間の調整をしながら進めることです。何時までにここまでは必ず進めておく、というマイルストーンを明確にしておきます。そしてその都度、割愛するなどの微調整をしながら進めていきます。

　終了予定時刻を1分でも過ぎたら、参加者の集中力が途切れます。最後に焦って話しても記憶に残らず、効果はありませんので、マイルストーンに従って微調整しながら進め、落ち着いてクロージングを行いましょう。

「予定時間のずれ」
「記録」
「分担」
「ペースの違い」
「残り時間の予告」

予定時間のずれへの対処法

時間の前後があるのは当然

> 「まだこんなにページが残っているのに、あと数分で終了時刻だ！
> どうしよう……」
> 「終了時刻まであと30分あるけど、もうすることがない…」

　講師・インストラクターをしている人なら、どちらも避けたい状況でしょう。

　終了時間が近づいているのに、まだ準備していた内容が終わりそうにない場合、最後は早口で講師がまくし立てている場面を見たことがあるかもしれません。あれもこれもと次から次へと話す講師に、参加者は必死でついていこうとするか、もしくはもうあきらめて片付けを始める人も出てきます。これでは、「最後まで到達した」という事実は残るものの、参加者の記憶に学んだ内容が留まることは期待できそうにありません。

　さらに良くないのは、時間をオーバーして無理やり終わらせるケース。

　参加者には、終了時刻後は次の予定があったり、仕事が待っていたりするかもしれません。様々な事情で集中力を維持することが難しくなります。**「終了予定時刻を1分でも過ぎると、講師の話は耳に入っていない」**と言っても過言ではないでしょう。

　一方、予定より早く進んで終了時刻まで余裕がある場合はどうでしょうか。

　質疑応答の時間をたっぷりとって、何とか引き延ばそうとすると、本来、参加者の記憶に残りやすいクロージングの内容が、引き延ばした質疑応答の内容になってしまいます。こうした状況では、質の良い質疑応答は期待

できないため、研修全体の質や学習効果に悪影響を与えるリスクがあります。

　どれだけ綿密にデザインをしても、多少の時間の前後は発生するものです。時間のずれを見込んで対処し、研修の効果を下げないようにしましょう。

余裕をもったデザインを行う

　先に挙げたような事態を招かないようにするために、まず、研修デザインには余裕をもたせましょう。

　具体的には、以下の2つを用意しておくことです。

◎**デザインの際に用意しておくこと**
　①**時間が足りなくなったら、割愛すること**
　②**時間が余りそうだったら、追加すること**

　具体例を使って考えます。

　287ページのタイムテーブルを例に考えると、15分のオープニング・クロージングと、20分のかたまりについて、何にどれだけの時間をかけるのか具体的に計画しておきます。この際、「0:35～0:55」の最後にあるグループワークは、「時間が足りない時は短く設定」と事前に決めておきます。また、「0:55～1:15」の最後に記した「ディスカッション」などのように、「時間が余りそうなら追加すること」を考えておくことで、進行に余裕が生まれるでしょう。

　研修のクロージングで慌てて終了時刻に間に合わせようとするのではなく、研修の途中でこのような調整を行います。

　そして、クロージングは予定通りの時刻に始め、予定通りの時刻に終了するようにします。

詳細のタイムテーブル　と　実際の時間の記録欄

予定時間	実際の時間の記録	詳細の時間	内容	手法
0:00〜0:15（15）	〜0:10	5分 10分	オープニング ●話①：フィードバックがうまくできていなかったため空回りしていたAさんの話 ●話②：フィードバックが効果的に行えたので、難しい決断を迫る話が1回でももめることなくできたBさんの話	体験談共有
0:15〜0:35（20）	〜0:30	5分 5分 7分 3分	●フィードバックの目的 スライド解説、空欄記入 ●フィードバックの原則 ▷事実・言動と印象を区別する演習 ◇「やる気がない」を具体的な事実・言動にするワーク ◇チームでテーマをひとつ選んで具体的な事実・言動にするワーク ◇解説と振り返り	講義 グループワーク
0:35〜0:55（20）	〜0:50	3分 7分 10分	●フィードバックの内容 ▷解説 ▷自分のケースでフィードバックの対話を準備する ▷用意したケースを3人組で共有する └ 時間が足りない時は短縮	講義 個人ワーク グループワーク
0:55〜1:15（20）	〜1:20	15分 5分	●フィードバックスキル練習 ▷3人組で練習 ▷振り返り 気づきを書き出す	スキル練習とフィードバック 個人ワーク ディスカッション
1:15〜1:30（15）	〜1:30		クロージング ●今後への活用を検討 ▷アクションアイデア記入、シェア	個人ワーク グループでシェア

└ 研修当日にメモしながら進める

時間が余りそうなら追加する ┘

Trainer / Instructor Handbook　287

記録を残す

　予定時間に対して、実際かかった時間にずれが生じた場合、その記録を残して、次回に活かします。

　研修が終わってからでは思い出せないことも多いので、研修中に、「ここは15:10開始予定が、実際は15:25だった」など、簡単な記録を残します。

　次回、同じ研修を行う際に見返して、時間の見積もりを再検討します。その際、たまたま出た質問で盛り上がったから時間が予定よりかかった、というように、偶発的な要因なのか、それともそもそも見積もり時間が甘かったのかによってデザインを変更するかどうかを判断します。

予定通りに進める5つのポイント

ザイガニック効果とは

　研修の時間管理を考えるうえで前提となる考えがザイガニック効果です。これは、**未完了のことのほうが記憶に残る**という考えなのですが、これを当てはめて効率良く研修を進めていきます。

　つまり、**すべての人がすべてのタスクを完了するまでたっぷりと時間をとるのではなく、時間を短めに設定したり、分担したりすることによって、「未完了」のものを残した状態にする**のです。

　ではその具体的な方法を見ていきましょう。

ポイント① 分担する

　まずは、「分担」です。取り組む問題・役割を分担し、時間を効率良く使います。たとえば、課題が5つある場合、5チームで1つずつ分担します。

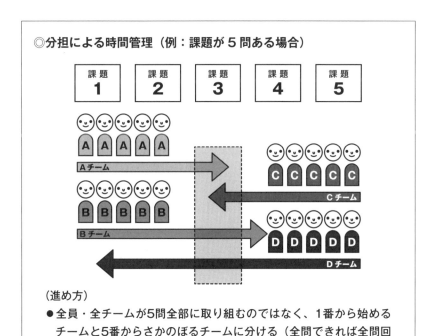

　また、上のような分担も考えられます。全チームが全問に取り組むより短い時間で終わらせることができ、かつ、完了していないチームを待つ時間がないため、時間を有効的に活用できます。

　また、全チームが同じ課題に取り組んだ場合は、その後のチームからの発表が重複しがちですが、分担した場合、自分たちのチームが終了していない課題についての解説や発表は新鮮な情報になるため、興味やエネルギーを維持しやすくなります。

ポイント②　ペースの違いを予測したデザインをする

　全チーム、全員が同じペースで進むということはあまり現実的ではありません。

最初からペースが速いチーム・人や、ゆっくりのチーム・人がいることを想定しておきます。そして、先に終わったチーム・人が取り組める課題を設定しておきましょう。

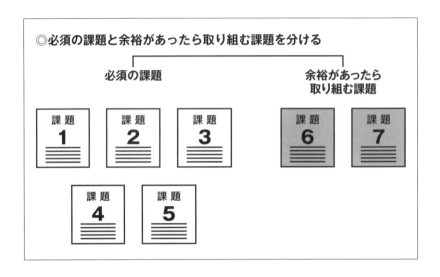

　全チーム・全員がすべての課題を終えないと先に進みづらくなる、早く終わったチーム・人は手持無沙汰になってしまう、遅いチーム・参加者は焦ってしまうといった、ペースの違いによる問題点を解消することができます。

ポイント③　タイマーを見えるようにする

　時間管理のために、キッチンタイマーやパソコンに入っているタイマーを使う講師は多いでしょうが、そのタイマーを参加者も見えるようにしましょう。
　パソコン上で使用してい

スクリーンに残り時間を表示させる

るタイマーであれば、スクリーンに投影するのです。

　残り時間が見えることで、参加者も時間を意識して進めてくれるので、管理しやすくなります。

ポイント④　残り時間を予告する

　時間を設定せずにディスカッションやグループワークを行う場合もありますが、途中で残り時間を伝えるようにします。

「残り３分で終了しますので、それまでにできるところまで進めてください」

　こう伝えずに、突然「はい、では終了です！」と終了を告げられ場合、まだ終わってないから完了させたいという声が出やすくなります。

　完了させたいと思うのは自然なことですし、その気持ちを尊重したいと講師も思うことでしょう。しかし、そのために延長することになれば、予定時間を大幅にオーバーすることにつながりかねません。

　一方、途中で残り時間を予告することで、延長してほしいという声が出にくくなります。つまり、講師としては参加者の不満を買うことなく、時間管理がしやすくなるのです。

ポイント⑤　完全を目指さない

　ポイント④同様、「完了したい」という欲求があるのは自然なことです。

　ですが、全員が完了するまでたっぷりと時間をかけることが必ずしも研修の効果を最大化するとは限りません。

　ディスカッションやグループワークは、基本的には短めに設定しましょう。10分かかると思ったら８分、５分かかると思ったら３分半というように、「少し時間が足りないかもしれない」と感じるくらいにしておきます。そして、次のような言葉を挟むことで、参加者の自尊心を傷つけるこ

Trainer / Instructor Handbook　291

となく次に進むタイミングを図りましょう。

◎次へ移る際に伝える言葉
- 「できているところまでで結構です」
- 「途中でも問題ありません」
- 「経過報告でいいので聞かせてください」
- 「いったん現状をシェアしていただけますか」

6-6

グラウンドルールを設定する

　研修を円滑に進めるために欠かせないもの、それがグラウンドルールです。グラウンドルールを設定することで、研修中に電話対応のために席を離れる、時間を守らないといった参加者が出ることを防ぎ、学習に集中できる環境をつくることができます。

　参加者主体の研修を行ううえでは、そんなグラウンドルールにも「主体性」をもって設定してもらう手法があります。以下では、具体的な進め方を考えていきます。

本項の Key word

「グラウンドルール」
「研修中のルール、マナー」
「学習スタイル、姿勢についてのルール」
「主体的にルールを設定する」

研修を効果的に運営する

Trainer / Instructor Handbook　293

研修を円滑に進めるグラウンドルール

グラウンドルールとは

・研修中に電話が鳴る人
・電話に対応するために途中退席する人
・休憩時間の後、時間通りに戻ってこない人
・研修中にメールや仕事をしている人

　こうした基本的なマナーにかかわることに困る場面は、少なくありません。

　基本的なことではありますが、こういう人がいた時、講師が直接本人に言うのはなかなか難しいものです。言えたとしても、注意する雰囲気になってしまっては、参画を引き出すために楽しい雰囲気をつくろうとしているところに水を差すことになりかねません。

　そこで活用したいのは、**グラウンドルール**です。

　スポーツにはルールがありますが、同様にイベントや会議、研修でも、「ルールを設定して守りましょう」というのがグラウンドルールの意義です。ルールのないスポーツは成立しないくらい、ルールは自然なものなのです。

　皆が快適に過ごし、かつ目的達成できるように、研修でもルールを設定します。

　たとえば、次のようなルールを設定し、研修のオープニングの中で伝えます（3-5参照）。

　その際、命令口調にならないよう、講師側からのお願いとして伝えます。

◎**グラウンドルール例**

● 携帯電話はマナーモードに設定しましょう
● 電話やメールは、休憩時間に対応しましょう
● 時間を守りましょう

「スタイル」や「姿勢」についてのグラウンドルール

　グラウンドルールが扱うのは、基本的なマナーだけではありません。研修への参加姿勢やコミュニケーションスタイルについても設定すると便利です。

　たとえば次のようなものが考えられます。

◎**スタイル、姿勢についてのグランドルール例**

● 積極的に発言しましょう
● お互いから学びましょう
● 自己開示しましょう
● 秘密厳守としましょう
● 楽しみましょう

　その日の研修内容や参加者の顔ぶれ、雰囲気を考慮し、懸念となりそうなことを先回りしてルールとして設定することもできます。

◎**グラウンドルールにより問題点の芽を摘む**

　(例) 研修の内容に対して懐疑的な人が何名かいる場合
● 新しいアイデアを受け入れましょう
● 否定せずにできる方法を考えましょう
● 建設的な発言をしましょう

これで確実にうまくいくというわけではありませんが、少なくとも意識してもらうことはできます。

また、研修を行う中で問題が生じた場合、参加者の中から「今日はこういうルールでしたよね」などと軌道修正する人が出てくる効果も期待できます。

主体的にグラウンドルールを設定する

主体性を引き出すグラウンドルールの設定方法

グラウンドルールは、講師が事前に決めて参加者に伝え、守ってもらえるよう依頼する方法の他に、参加者自身に決めてもらうことも効果的です。

たとえば、次のような方法が考えられます。

◎**参加者同士で運営ルールを決める**

　●**講師より提案する**

「今日の研修を充実させるために、自分たちで運営ルールを決めてください」

↓

参加者全員で決める、もしくはグループごとに決める

　●**講師が事前に決めておいたものに、各グループでルールを追加する**
　事前に懸念している芽を摘んだうえで、参加者が主体的に決める余地を残す

講師が守るべきグラウンドルールを設定する

　さらに、研修が長期間にわたる場合（3日間以上などの場合）は、参加者の参加姿勢だけではなく、参加者から講師への要望を聞いて、**講師が守るべきグラウンドルール**を設定することもお勧めです。

　たとえば、個人ワークで振り返りと頭の整理をする時間は確保してほしい、休憩時間は90分に1回は必ず入れてほしいなどの要望を吸い上げ、それを講師は守ると約束するのです。そうすることで、参加者も快適な環境が約束されるため、ストレスなく研修に参加できます。これもオープニングで、各グループで話し合ったものを出してもらい、集約もしくは選択していくと良いでしょう。

6-7

講師・インストラクターの
モチベーション管理

　本章では、デリバリー（伝え方）やファシリテーションを工夫することで、研修を効果的に運営するコツを紹介してきました。本章最後にとりあげるのは、講師のモチベーションです。

　研修のデザインやデリバリー、ファシリテーションの工夫により、研修運営は飛躍的にスムーズになるでしょう。しかし、講師・インストラクターのモチベーションが低い状態では、その効果は決して発揮されません。講師・インストラクターのモチベーションは、必ず参加者に伝わるからです。

　そこで本項では、講師・インストラクターにとって欠かせないモチベーション管理を考えていきます。

**本項の
Key word**

「モチベーション」
「講師の体調」
「モチベーションのスイッチ」
「講師の役割」
「楽しむ」

モチベーションが研修の成果を左右する

モチベーションの低下は必ず伝わる

　どんなに綿密にデザインされた研修でも、どんなに優れたデリバリーとファシリテーションスキルを使いこなしても、**講師のモチベーションが高く保たれていないと、研修の学習効果は決して高いものにはなりません。**

　講師も人間ですが、参加者も人間です。

　講師のモチベーションが高いかどうかは、参加者にも伝わるものです。そして、それはどんな手法やデザインでもごまかせません。

　楽しく学習効果の高い研修にしたいのであれば、講師自身がまず楽しむことが大切なのです。

　とは言え、講師も人間ですから、様々なことがあります。

- 残業が続いて疲れている
- うまくいっていないプロジェクトがあり気がかりだ
- 家庭内でトラブルがあり、心が安らかではない
- 同じ研修を10回以上担当していて、本音を言うと飽きてきた
- なぜ自分が講師に抜擢されたのか、いまだに納得していない
- 体調が優れない

　講師側の事情を挙げればきりはないでしょうが、それでも、やはり**講師のモチベーションは研修の土台となるもの**ですから、研修に向けて集中力を高め、気持ちを切り替えて、自分のモチベーションを高くするべきです。

　体調が悪いこともあるかもしれません。

　本来はそのようなことがないように体調管理すべきなのですが、私自身

Trainer / Instructor Handbook　299

本当に苦しかったことがありました。

　2日間の公開研修の際、1日目後半から、熱っぽさを感じ始めました。たっぷりと睡眠をとったものの、2日目の朝になっても回復しませんでした。

　運悪く宿泊を伴う研修で常備薬が手元にありませんでした。手に入った市販の解熱剤を飲んだものの、あまり効果がありません。しかし、それでも途中でやめるわけにはいきませんので、何とか最後まで終えました。

　研修が終わった途端にふらふらになり、タクシーで帰宅してはじめて熱を測ってみたところ38度を超えていました。

　スタッフは私の様子が少しおかしいことに気づいていたようなのですが、幸いなことに、参加者には全く気づかれませんでした。

　そもそもこのような事態は起きてはいけないことです。

　また、講師は体調が悪くても無理して研修を行うべきだと言いたいわけでもありません。とは言え、**誰かに代わることができない場合、参加者に悟られることなく何とか乗り切らなければならないこともある**のです。

モチベーションを保ち続けるために

モチベーションのスイッチを入れる

　講師として自分自身のモチベーションを維持するために、**気持ちを切り替えるための儀式、ルーティン**があるといいでしょう。これを行うことで集中し気分を高めることができるというものです。

　たとえば、研修の朝はこれを食べる、この色のものを身に着ける、会場に1時間前に行って最終確認を落ち着いて行う、この曲を聴くなど、アスリートが試合前に集中力を高めている姿をよく見ますが、そのようなイメージです。

私の場合は、研修準備の段階で描く掲示物がそれに当たります。事前にグラウンドルールや自己紹介などのフリップチャートを何枚か準備していますが、書きながら、その日の研修内容や参加者に気持ちを向けていきます。

講師の役割を認識する

　講師が自分の役割をどう捉えているかというのも、講師の言動に現れ、参加者に伝わります。

　本書で述べてきた参加者主体の研修を行う講師の役割を説いた一説を引用します。少し長いですが、講師として何をすべきかを考えるうえで、ヒントにしてください。

　　子供をより良い環境で育てたいので、家族で農場に引っ越した参加者がいました。ある日、その参加者は小さな娘さんたちとアヒルのひなが卵からかえるのを見ていました。卵の殻を破るのに悪戦苦闘しているヒナが1羽いたので、娘さんが殻を破るのを手伝ってヒナを殻から出してあげました。1時間後、そのヒナは死んでしまいました。卵の殻を破れずに四苦八苦するのは、生き抜くスキルを備えるために必要なプロセスだったことを、参加者と娘さんはこの経験から学びました。殻を破るという過程を経なければ、ヒナは生き抜けなかったのです、とその参加者は言いました。

　　この親子が学んだことは、トレーナーが研修会場で学ぶことと似ています。つまり、ご褒美を得るために参加者には悪戦苦闘してもらうということです。

　　あなたの役割は大切に見えないかもしれませんが、大切なのです。私がおすすめしているこのアプローチは、講義時間を短縮し、参加者自身の発見と参画を最大化することができるのです。時々、あなたが必要とされていないようにも見えるかもしれませんが、必要なのです。ただ参加者がそれに気づいていないだけなのです。

　　あなたは、申し分のない最高のトレーナーです。見識・変化・成長に対

する答えは、自分自身の中から生まれると悟らせるファシリテーターなのですから。あなたの態度やあなたが醸し出す役割が、参加者の気風を決めます。

　また、研修内容や参加者に対する興味と熱意があり、トレーナーとしての目的・あなたの個人の計画・あなたが立てた指針へのこだわりに真剣であれば、参加者1人ひとりの変化と学習を促進することができるでしょう。

（『クリエイティブ・トレーニング・テクニック・ハンドブック』第3版　P161）

自分自身が楽しむ

　研修に登壇する時は緊張するという方も多いかもしれません。私も昔はそうでしたので、気持ちはわかります。でも、幸せなことに、今は違います。今は、当日はもちろんのこと、準備や企画の段階も含め、楽しむことができるようになりました。

　大きく変わった理由は、**意識が自分ではなく、参加者に向いたからです。**

　参加者に意識が向くと、準備や企画の段階から参加者の反応を想像し、楽しみになります。当日も、参加者の緊張がほぐれていく様子やデザインしたワークに対する反応、ディスカッション後の発表などを見聞きすることを楽しむのです。

　講師が、自分の話し方や説明の仕方に意識が向いていると、緊張もしますし、楽しむ余裕などあまりもてないでしょう。**何度も何度もリハーサルを重ね、自分に意識を向けなくてもいいような状態をあらかじめつくり、当日は楽しむのです。**その姿勢が高いモチベーションへとつながり、質の高い研修を生み出すのです。

302

第7章

社内講師を任されたら
〜最短で効果的な研修を運営する〜

Trainer / Instructor Handbook

7-1

社内講師として必要なもの

　本書は、講師を専門としているかどうかにかかわらず、「教える立場」にある人がより効果の高い学びの場を運営する方法を紹介してきました。7章では、これまでの内容を踏まえて、特に「社内講師」の意義や役割を考えていきます。

　教えることが本業ではない社内講師にとって、「自分の話に興味をもってくれるかどうか」「うまく伝えられるかどうか」「参加者の役に立つだろうか」と、研修に対して様々な不安を抱くかもしれません。しかし、社内講師に任命されたということは、大きな成長のチャンスと捉えることができます。社内講師という経験を成長に変えていくためにも、準備を行い、研修の場に臨みたいものです。まず本項では、社内講師の役割を考えていきます。

本項の Key word

「社内講師」
「学習の5つのレベル」
「社内講師の役割」
「知識の再構成」

社内講師の意義、役割

社内講師は価値のある仕事

　教えることが本業ではない社内講師は、こんな不安を感じながら研修準備を始めるのではないでしょうか。

- ●自分の話に興味をもってもらえるか
- ●相手に伝わるように教えられるか
- ●最後まで退屈せずに聞いてもらえるか
- ●難しい質問をされたらどう対応しよう
- ●自分より経験や知識が豊富な参加者がいたらどうしよう

　社内講師は、教えるテーマについて長けているからこそ依頼されています。「社内にそのノウハウを継承してもらいたい」という会社からの要望は大変名誉なことですから、自信をもって臨むべきでしょう。

　人に教えるためには、自分自身がさらに知識を深める必要があるため、自分自身の成長にもつながります。

　また、社内でノウハウを継承する立場になることで、社内のより多くの方から信頼を得ることになるでしょう。

教えられるレベルになってこそ、本当の「プロ」

　ただし、「その分野に長けている」＝「教えることがうまい」というわけではありません。

　ここで試してみてほしいことが、ひとつあります。

Trainer / Instructor Handbook　305

> ◎やってみよう
>
> 　実家の最寄り駅はどこですか？　その最寄り駅から実家までの道順
> を、まったく土地勘のない人に説明してみてください
> ※地図を書かず、口頭のみで行います

　はじめての人でもたどり着けそうな説明ができたでしょうか。

　自分自身にとっては、何も考えなくても最寄り駅から帰宅することはできるでしょう。ですが、はじめての相手にわかりやすく伝えようとすると意外に難しいものです。

　自分自身がしていることを人に説明するのは難しいのですが、それこそが社内講師に求められている役割です。

　社内講師を任された方は、その専門分野に長けているからこそ、抜擢されているというのはすでに述べた通りです。その分野における十分な知識、経験、スキルがあるので、それを社内に伝承してもらいたいという思いを託されています。

　ですが、**それを教えるためには、別の能力が必要**なのです。

学習の５段階

　学習には次のような５つの段階があります（図7-1）。

　たとえば、引っ越したばかりの状況を想像しましょう。
「意識していないし、できない」段階（レベル１）では、まだ新居への道順がどうなっているのか、詳しく把握できていません。地図アプリやカーナビを使って調べることで、把握します。

　しかし、一通り調べて理解したつもりでも、いざ１人で帰宅しようとすると道を間違えてしまうこともあるでしょう。これが**「意識しているのにできない」段階**（レベル２）です。

　何日が経つうちに目印とともに道を覚え、間違えることはなくなりま

306

す。これが**「意識してできる」段階**（レベル3）です。

さらに日にちが経過すると、目印など特に意識しなくても帰宅できるようになります。これが**「意識しなくてもできる」段階**（レベル4）です。

先ほどの実家への道順の質問は、**「意識しなくてもできることを意識レベルに落とし込む」**（レベル5）ことができるかどうかの質問でした。つまり、自分自身は無意識に体を動かすことができたとしても、それを人に説明できるかどうかがポイントなのです。

社内講師が研修で教えることになっている分野については、間違いなくレベル4に到達しているでしょう。**社内講師をするということは、そのレベル4をレベル5に引き上げる必要がある**のです。

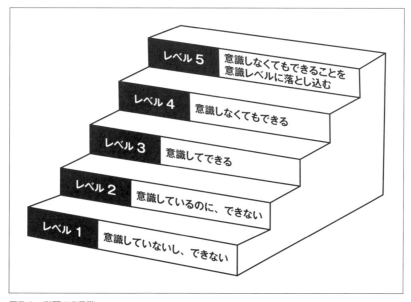

図7-1　学習の5段階

社内講師に求められること

知識の再構成を行う

　教えることが本業ではないからと言って、ただ自分がもっている知識を一方的に伝えたり、自分の経験談を長々と話したりするようでは、効果的な研修とは言えず、次のような失敗を招きかねません。

> ◎社内講師の失敗例
> - 研修の内容が理解できなかった
> - ずっと講義が続いて眠かった
> - 自慢話ばかりで聞いていて心地良くなかった
> - 情報が多すぎて消化できなかった
> - 質問したかったけど、できる雰囲気ではなかった

　もしこのようなことになってしまうと、せっかく専門分野での実績を買われて社内講師になったのに、逆に評判を落としてしまうことになりかねません。それは不本意な結果でしょう。

　先ほど見た学習のレベル４からレベル５への引き上げは、簡単ではありませんが、決して不可能ではありません。
　まず、**「教える」ことは、自分の専門分野とは別の分野である**と認識し、自分がもっている知識を再構成し、他の人が理解できるように組み立て直しましょう。

　具体的には、次のポイントを意識して考えます。

◎知識を再構成する際のポイント
- どこまでの詳しさを話すか
  →目的を達成するための重要度によって、重要項目、補足、参考情報・資料の3段階に分ける
- どういう構成で話すか
  →「大項目→中項目→小項目」、ステップやプロセスの順、時系列などのフレームワークで整理する
- どういう順序で話すか
  →理論から始めるか、経験から始めるか、「EAT（経験・気づき・理論）」（3-4参照）にできないかを検討する

　ロジックツリーや、マインドマップなどを使って、大項目・中項目・小項目、お互いの関連性や重要性など、自分自身の知識を棚卸していきます。

〈知識を再構成する〉

①ロジックツリーを描くように内容を整理する

②研修の目的を達成するうえで、重要項目がどれかを絞り込む
（その他は、補足や参考資料とする）

③参加者がすでにもっている知識やスキルがあるかを確認する
（それについては研修では軽くおさらいするのみにし、長々と講義しない）

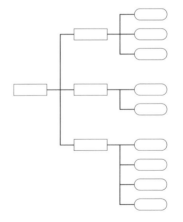

　ここまで整理したうえで、ただ知識を伝えるだけのスタイルにならないように、研修としてデザインしていく必要があります。研修デザインや運営のポイントは、7-2で確認します。

7-2

これだけは押さえておきたい
社内講師の研修スキル

　研修で伝える内容を整理できても、自分のもっている知識を誰かに教えようとすると、「講義」——つまり自分が知っていることをただしゃべるだけ、というスタイルになり、効果的な研修とは言えません。

　とは言え、あくまで本業ではないので限られた時間の中で最大の効果が出るような準備がしたいと思っている方が多いことでしょう。そこでこの項では、そうした方のために、本書で紹介してきた「参加者主体の研修」を行ううえで最低限押さえたいポイントを確認します。

本項の
Key word

「オープニングとクロージング」
「構成順序」
「時間のデザイン（90/20/8の法則）」

社内講師が押さえておきたい研修準備のポイント

インストラクショナルデザインの基本

まず、研修の組み立て、つまりインストラクショナルデザインについて、次の3つを押さえましょう。

- ●オープニングとクロージング （3-5）
- ●構成順序 （3-4）
- ●時間のデザイン （3-2）

この3つがデザインされていれば、自分のもっている知識を講義形式で伝えるだけの研修との効果の違いは大きいでしょう。社内講師というと、高いレベルの対人関係スキルが求められるイメージがあるかもしれませんが、この3点が押さえられれば、講師の対人関係スキルへの依存度は下がり、参加者は自然と巻き込まれていきます。

オープニングと**クロージング**で、最も伝えたいメッセージやポイントがしっかりと記憶に残り、明日からの参加者自身の職場で何をどう実践するか明確になります。参加者の経験やすでに知っていることとの関連付けから始まるので、興味をもって知識を整理しながら学ぶことができます。

また、眠くなるころには休憩時間があり、**忘れそうになる前にリビジットの時間**があるので、頭の整理をしながら研修に集中し続けることができます。また**8分に1回**は何かしらの問いかけや、**話す機会**などがあり、内職をしたり眠くなったりする暇がありません。

そうすることで、7-1で見たような不安要素はすべて解消できるでしょう。

○自分の話に興味をもってもらえるか
　　・オープニングの工夫で興味を引き付ける

Trainer / Instructor Handbook　311

・その後は「90/20/8の法則」を徹底し8分に1回の参画で興味を持続してもらう

○相手に伝わるように教えられるか
・リビジットの時間を確実にとることで、理解の確認をしたり、不明な点を質問しやすくなる

○最後まで退屈せずに聞いてもらえるか
・「90/20/8の法則」の徹底と構成順序（EAT（経験・気づき・理論））により解消できる

○難しい質問をされたらどう対応しよう
・その場で答えられないような質問をされたら、正直に「即答できないので、後日回答します」と伝える（6-4参照）
・一方的な講義をする「先生」ではなく、参加者主体の研修手法を行っていれば、講師と参加者の距離は近くなるため、後日回答するという対応をしても、受け入れてもらえる

○自分より経験や知識が豊富な参加者がいたらどうしよう
・構成順序（EAT（経験・気づき・理論））の工夫で参加者の経験・知識を活かしてもらい、お互いにとってWin/Winの関係で研修を進めることが可能になる

余力があればデリバリースキルを磨く

　デリバリーのスキルに不安がある方には、第4章がヒントになります。
　さらに、場の雰囲気を良くしたり、活発な発言が続くような研修にしたいと思う方は、第5章と第6章を再読してください。
　次ページに、社内講師として研修前に行いたい事柄をチェックリストにまとめます。参考にしてください。

〈社内講師として準備すること〉

チェック	チェック項目	参照箇所
	1. オープニング：参加者の興味を引き付け、集中してもらえるオープニングになっていますか？	3-5
	2. クロージング：参加者自身が何をどう実践していくかを確認できるクロージングになっていますか？	3-5
	3. オープニングとクロージング：最も大切なメッセージがオープニングの最初とクロージングの最後に組み込まれていますか？	3-5
	4. EAT：理論の解説からのスタートではなく、体験、もしくはすでにもっている知識や過去の経験を引き出すことから始める構成になっていますか？	3-4
	5. 90/20/8：90分に1回は休憩がありますか？	3-2
	6. 90/20/8：研修は20分をひとつのかたまりとして組み立てていますか？	3-2
	7. 90/20/8：20分ごとにその20分の内容をリビジットする時間がありますか？	3-2
	8. 90/20/8：8分に1回の参画（参加者が考える、話すなど受け身ではない時間）がありますか？	3-2
	9. 学習環境：安心して学べる学習環境をどうつくるか、計画しましたか？	5-1
	10. 巻き込み：全員を巻き込む工夫を用意しましたか？	5-2
	11. 投影資料：シンプルなデザインで、大きくて読みやすい文字、情報を視覚から補佐するビジュアルがあるものを用意しましたか？	4-5
	12. 配布資料：空欄記入やメモスペースが十分あり、後日参照できる情報が掲載されたワークブックを用意しましたか？	4-5
	13. 会場設営：人数と研修の内容や進め方に合わせた部屋の大きさと机の配置を決めましたか？　設営のための時間を確保しましたか？	4-1
	14. 会場設営：当日使用する備品類がそろっているか確認をしましたか？	4-1 4-2
	15. デリバリー練習：講師としての基本動作と話し方について、リハーサルをしましたか？	4-3 4-4 4-6

社内講師を任されたら

第8章

研修の効果測定とPDCA

Trainer / Instructor Handbook

8-1

研修の効果測定を行う

　参加者主体の研修デザインの目的は、参加者の学習効果を
高めることにありました。では、研修による学習の「効果」
は、どのように測定すればいいでしょうか。本項では、研修
に携わる者であれば興味の尽きない、研修の効果測定をとり
あげます。

　以下では、カークパトリックの４段階評価法に沿って、そ
の測定方法を見ていくことになりますが、測定の指標は、研
修の企画・デザインにおいても考慮すべき事柄です。

　効果測定の指標をどのように考えればいいのか、またそれ
をどのように測定し、研修デザインに活かしていけばいいの
か、その一連の手法を考察していきます。

本項の Key word

「効果測定」
「カークパトリックの４段階評価」
「アンケート」
「ステークホルダーが求めるもの」
「行動変容」
「研修はイベントではなくプロセス」

研修の効果測定とは

カークパトリックの4段階評価法

「研修を実施したけど、その効果はあったのか？」
「どういう効果があったのか？」

　研修にかかわる人であればだれにとっても興味の尽きないテーマといっても過言ではないかもしれません。研修の効果測定については、カークパトリックの4段階評価法が最もよく知られた考え方です。

◎カークパトリックの4段階評価法

レベル1	反応	研修に対する満足度を測る
レベル2	習得	研修で学んだことの習得度を測る
レベル3	行動	研修で学んだことの職場での実践度を測る
レベル4	成果	研修の結果、ビジネスにもたらした成果を測る

　以下では、それぞれのレベルにおける効果測定の手法を考えていきます。

レベル1　反応

　レベル1は、研修参加者に行うアンケートが最も一般的でしょう。内容や講師について参加者の満足度を図るものです。

　講師にとっては気になるものですし、重要な指標ではありますが、レベル1の結果が良ければ研修は成功したということにはなりません。

　レベル1のアンケートは、全体的な評価に加え、**内容、講師、研修教材、環境など、できるだけ具体的な質問をする**ことで、課題を特定しやすくなるようにします。こうしたアンケートは研修終了時に紙で記入しても

Trainer / Instructor Handbook　317

らう方法や、研修終了直後にオンラインで回答する形式などが一般的です。

　それ以外の方法としては、参加者に個別に感想をヒアリングするフォローアップインタビューの手法などもあります。

レベル2　習得

　研修をデザインする際に設定した習得したい知識やスキルなどの目的（2-2参照）に対して、達成できたかどうかを測定するのがレベル2です。**研修の前後を比較した時に、知識やスキルとして何を習得できたのか、意欲や取り組み姿勢などにどんな変化が起きたか**を測ります。確認テストやスキルチェックなどで測ることが多いのですが、このレベル2も研修のデザインや教え方が効果的だったかを検証するのに大変重要な指標です。

　とは言え、レベル1同様、この結果が良いからといって、まだ研修は成功したということにはなりません。研修はイベントではなくプロセスですから、**研修終了後にどんな成果があったか**が大切です。つまり、効果測定のレベル3と4が重要になるのです。

◎**レベル2　習得の測定法**
- ●確認テスト
- ●ロールプレイやシミュレーションなどによる実践スキルテスト
- ●成果物に対する評価

レベル3　行動

　レベル3は実践度ですから、**行動変容**と言い換えることもできます。**研修を受ける前には発揮していなかったスキルを発揮しているか、ある状況における行動が研修を受けた成果で変わったか**です。

　たとえば、今までは部下から問題報告を受けた時に、感情的になって指示を出していた上司が、部下の話を傾聴し、コーチングのスキルを使って

部下自身に解決策を考えさせるようになったなどの行動変容が起きている
かどうかを測るのです。

　レベル3は次のような事柄から効果を測ることができるでしょう。

◎**レベル3　行動の測定法**
- 研修を受けた本人へのアンケートやヒアリング
- 職場での実践を観察
- ステークホルダー（上司、部下、同僚、お客様など）からの評価、
  ヒアリング
- アクションプランの進捗確認

レベル4　成果

　レベル4になると現実には、研修以外の外的要因（競合他社の動き、景気
の動向、世の中で起きた事件や事故の余波など）の影響も大きくなります。指標・
KPIに変化があったとしても、それが研修の成果によるものなのか、他の
要因によるものなのかの判断が難しいと言えるでしょう。

　しかし、**「外的要因が多くて検証できない」というのは、ビジネスの世
界では容認されない言い訳**です。すべての研修でレベル4を測定すること
は現実的ではないかもしれませんが、検証が難しいから検証すらしないと
いう姿勢は避けるべきです。

◎**レベル4　成果の測定法**
- 行動変容の結果として、ビジネス上の指標・KPI（たとえば売上、
  顧客満足度、マーケットシェアなど）の変化を測る

Trainer / Instructor Handbook　319

ステークホルダーが知りたいのは「結果」

経営者やその他ステークホルダーにとって、最も興味があるのは結果、つまりレベル4です。レベル1について、「講師への満足度が5点中4.9だった」などは、あまり意味をもたないのが実情です。

新商品の販促活動であれば、「イベントが楽しかった」という指標の報告だけで済むはずはありません。施策の結果、どれくらいのシェアや売上につながったのかが問われています。

ビジネスにおける常識は、研修においても問われています。つまり、**いかに結果に結びつくかが、研修の効果測定において重要な指標なのです。**

効果測定と研修デザイン

レベル4からさかのぼって研修をデザインする

上記で述べた4つのレベルについては、研修前から意識が必要な部分です。**研修が終わってから、後追いでレベル3やレベル4を測定しようとすると、外的要因の影響もあって測定が難しくなる**からです。

研修の企画段階で、最初にレベル4の数字について、経営者など組織のトップと合意します。**これから研修を行うことで、成果を出したい数値は何で、その具体的な指標は何なのか**を決めておくのです。

そのうえで、**その数値を達成するために、**研修参加者は、研修終了後に**どんな行動変容を起こす必要があるのか**を特定します（レベル3）。そして、その行動変容を起こしてもらうための研修を企画し、デザインしていくという流れになります。

たとえば、リーダーシップ研修を企画するにあたって、従業員の満足度調査で「『上司』についてのスコアを10ポイントアップさせることを目標とする」などと決めるのです。そして、その「『上司』についてのスコア

を10ポイントアップ」させるためには、上司の行動をどう変える必要があるのかを特定します。そのうえで、その行動変容を起こすことが可能になるような研修をデザインしていくのです。

すると、研修終了後にレベル3の行動変容が起きたかどうかを測定する際、何を指標にするかが明確になります。レベル4について外的要因の影響を受けてしまうことに変わりはありませんが、少なくとも企画段階で想定した行動変容が起きたかどうかは把握できます。

レベル4の測定結果が研修による成果であると証明はできないとしても、「この行動変容が起きればレベル4の変化を起こすことができる」と想定したレベル3の行動変容の測定は可能なので、数値の説得力は増すと考えられます。

研修はイベントではなくプロセスです。研修前の企画の段階から、研修後の成果測定のタイミングや指標、測定方法まで計画しましょう。

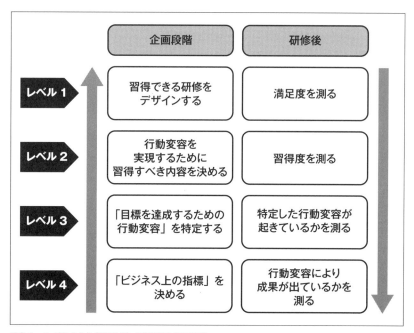

図8-1　レベル4からさかのぼって研修を企画する

8-2

研修のPDCA

PDCA——Plan、Do、Check、Act

仕事をやりっ放しにせず、成果を検証して次に活かすための
フレームワークですが、これもまた効果測定と同様に、研
修においても必須の考え方です。ここでは、本書の最後に講
師として成長を続けるために必要なPDCAのスキルについて
まとめます。

また、PDCAの前提として、講師・インストラクターが目
指すべき姿・目標についても考えていきましょう。

**本項の
Key word**

「PDCA」
「自分で行うPDCA」
「他者を巻き込んで行うPDCA」
「オブザーブ」
「研修・講師に求める基準」

PDCAのまわし方

自分で行うPDCA

講師として成長を続けるうえで、PDCAサイクルをまわし続けることは欠かせません。では、講師にとってのPDCAとはどのようなものでしょうか。

ここでは、特に「C（Check）」に着目しながら、講師個人が行うPDCAサイクルを考えていきましょう。

講師自身が行うPDCAとして何よりも行うべきことは、**毎回の研修で記録を残し、それを検証して次に活かす**ことです。

記録は、下記のような内容から必要に応じて選択すると良いでしょう。

◎**研修中もしくは研修後に記録したいこと**

- ●研修の内容についての改善点
- ●参加者の反応
- ●想定していた時間に対してかかった時間
- ●ワークの進め方
- ●参加者からの質問やコメント
- ●参加者が大きく納得したポイント、落としどころ
- ●講師の具体的なセリフ
- ●ファシリテーションの際のポイント

次に同じ研修を行う段階になって、前回のことを思い出そうとしても、なかなか覚えていないものです。研修を進行しながらメモに書き留めるか、研修直後の記憶が鮮明なうちに記録に残しておいて、次に活かしましょう。

また、自分の研修を動画で撮影するのもお勧めです。

プレゼンテーションスキル研修などでは、参加者のプレゼンテーションを撮影して、自分自身で見て分析するという手法をとることは多いものですが、それと同じ要領で行います。

自分の映像を見るのが好きだという人はあまりいないでしょうが、**自己認識が改善につながる**というのは、ここで改めて強調しなくても理解してもらえることでしょう。

他者を巻き込んで行うPDCA

他の人を巻き込んでのPDCAについて、「他者」とは、主に参加者と他の講師、関係者（事務局）などが考えられます。こうした方々は、「C（Check）」に関する情報を与えてもらえる貴重な存在と言えます。

まず、参加者を巻き込んだPDCAとしては、**研修アンケートに書かれた内容をしっかりと受け止める**ことや、**個別にヒアリングする**ことが考えられます。

個別のヒアリングというのは、参加者全員に対して行うというより、研修当日の様子から気になる人がいたら、休憩中に声をかけてみるというイメージです。率直な感想や意見が聞けて、思わぬ発見になることがあります。

研修の場は決して講師の「聖地」ではありませんので、他の講師などに見てもらい、率直なフィードバックをもらう機会をつくります。

頼まれてもいないのにフィードバックしてくれる人は少ないですから、自分から意図を説明し、率直に改善点やアドバイスがほしい旨を伝えて、オブザーブしてもらいます。

こうしたオブザーブの機会は、講師として成長を続けるうえで非常に重要なものですが、実際に、すでに研修講師をしている人のうち、登壇する際にオブザーブしてもらってフィードバックを受けるという機会を定期的

につくっている人は少ないようです。

　客観的な視点からフィードバックを受けることは、仕事でもプライベートでも非常に大切なことです。それができるかどうかが成功を左右すると言えるでしょう。

Column

PDCA実践例〜大学の授業改善を学生が支援する〜

　芝浦工業大学のFD（Faculty Development 授業・教授法、カリキュラム、制度・規則・組織の改善・改革、教員の専門能力開発のための組織的な取り組み（「大学のFD　Q＆A」、玉川大学出版部））の事例を紹介します。芝浦工業大学には、学生が授業を観察し、授業改善を支援するしくみがあります。SCOT（Students Consulting on Teaching　学生による授業コンサルティング）と呼ばれるその取り組みでは、学生が、授業観察を希望する教員の授業を観察・記録し、教員の授業改善や向上のために、学生目線でのコンサルティングを行うのです。SCOTを担う学生は、授業を観察・記録し、授業改善や向上に向けた提案ができるように必要な知識やスキルを学び、登録審査を経てからこの任務にあたります。

　先生方はSCOT学生から示される情報や提案を聞き、授業をさらに良くするために改善を続けます。先生方は先生方で、授業の計画、授業のデザイン、そして教え方やファシリテーションスキルの向上のために、学ぶ機会が数多くあります。

　大学と言えば、先生が一方的に講義をして学生はひたすらノートをとり、試験のために詰め込みの勉強をするというイメージがあるかもしれません。ですが、10年ほど前から、FDにかかわるようになり、自分の認識が大きく間違っていたことに気づきました。大学では、教員、学生、さらには職員も協力して、教育活動をより良くしていく時代になっているのです。これは講師・インストラクターにとっても学ぶべきPDCAのあり方と言えるでしょう。

Trainer / Instructor Handbook　325

講師が目指すもの

研修に求める基準を設定する

　講師・インストラクターとしてスキル、あるいは研修の効果を高めていくためにPDCAのサイクルをまわしていくことが重要なのはすでに述べた通りですが、その際に明確にしておかなければいけないのが、**研修や講師に求める基準**です。

　一体何をもって「良い」状態とするのかについて、合意が形成されていて、はじめて他者からのフィードバックが役に立ちます。
　もし、「あの部分は、もっと参加者を指名して、あやふやな回答の人は厳しく指導しなさい」といったコンセプトの異なるフィードバックを得ても、参加者主体の研修を目指す講師にとっては、あまり参考にならないでしょう。

　このように組織内で、どのような研修スタイルを目指すのか、そして講師に求めるスキルは何かについての統一見解をもつことが、PDCAをまわし、講師としてレベルアップを目指す第一歩となります。

講師として研鑽を続ける

　同じ組織内では、研修デザインやスタイルの方向性を定め、共通認識をもつことでPDCAが機能し、切磋琢磨を続けることができるようになります。
　ビジネスにおいては、企業のビジョンやミッション、戦略、指標の策定・浸透が大切であるように、研修においても、目指す方向性、つまりはビジョンを明確にし、それに向けて一丸となって取り組む組織が強さを発

揮していきます。

　そうした意味でも、組織内で目指す講師・研修の共通認識・共通言語の形成は欠かせないものなのです。

　また、経験の長い人も短い人も、講師養成の研修に参加したり、本を読むなどの経験を通して、自身の研修デザイン、ファシリテーション、デリバリーのスキルを高めることも欠かせません。

　学ぶ人を支援する講師自身こそが学び続け、自分自身のスキル向上に励んでいきましょう。それが、研修の効果を高めること、そして参加者の成長に貢献することに直結するのです。

・・・・おわりに・・・・・・・・・・・・・・・・・・・・・・・・・・・・・・・・

　最後まで読み進めていただいて、ありがとうございます。皆さんは研修を通して、違いを生みたいという思いがあってここまで読み進めてくださったのでしょう。研修は、内容を伝えることが最重要ではありません。研修は、参加する人にとって、エンパワーメントであり、刺激であり、業務上、さらには人生においてより大きな成果を出すために必要なことを得てもらうための場なのです。この本では、皆さんがそういう研修を行うために役に立つノウハウ、手法、テクニック、戦略やプロセスを紹介してきました。

　ここまで読み進めていただいたのであれば、もうすでに多くのことを学びとっていただいたことと思います。ですが、私の友人のマージー・ブランチャードはこう言います。
　「"知っている"ということと、"実践している"ということには大きな差があり、その差は、"知らない"ということと "知っている"ということの差よりはるかに大きい」
　その通りだと思いませんか？
　私たちは色々な知識をもっています。でも知識をもっているだけではなく、それらを活用し実践できているでしょうか？
　ここまで読み進めていただいた皆さんには、すぐにでも、読んで学んだことを実行に移していってほしいと思います。
　この本を読んで学んだことを実践に移すために、以下のことをやってみてください。次の項目を元に、シンプルなアクションプランをつくりましょう。
1.　この本で読んだことで、最も大きな学びだったと思う、トップ3を挙げてください。それをどう実行に移しますか？
2.　オープニングとクロージング、そして、リビジットやエナジャイザー（脳の活性化）の手法で、次の研修の機会に早速とり入れる新しいやり方は何ですか？

3. すでに行っている研修のデザインを見直し、最重要な内容、補足、参考資料に移動するもの、というように優先順位を再確認し、整理分類しましょう。

4. この本を読んだ講師が、他にも周りにいますか？ その人と協力して、お互いに何を実践していくかを宣言し合い、アイデアや成果を共有したりして励まし合いましょう。

5. この本で学んだことを実践していきたい研修は他にもありますか？もっと学びたい、と思った方には、私も日本に行ってセミナーなどを行う機会もありますし、共著者の中村も定期的に講師養成のプログラムを提供しています。
   http://www.d-hc.com

　この本が出版された2017年現在で、私は48年間、講師という仕事を行っていることになります。その48年のうちのほとんどの期間、講師養成を行ってきました。

　組織の中で、講師という役割を担っている人は、他の誰よりもその組織に対する影響力が大きいと思っています。管理職より、さらには役員、CEOなどの他の誰よりも、です。なぜでしょうか。それは、講師という役割は、研修のデザインとデリバリーを通じて、非常に多くの従業員と接し、その従業員に対して影響を与える立場にあるからです。

　研修では、参加する人が業務上のパフォーマンスを向上させることはもちろん、多くの場合は、業務以外の面でもより良い人生が送れるようなスキルを学んでもらうことができるのです。だからこそ、その研修を、参加者主体の理論と手法でデザインし、実行することがとても大切なのです。

　それはどうしてでしょうか。私たちがこの本で紹介したことはすべて、次の問いに対する答えに基づいているからです。
「人はどのように学ぶのが最も効果的なのか？」
　私たちは、研修に参加する人に新しい知識やスキルを習得してもらいたいだけではなく、学んだことを実践し、結果を出してもらいたいと切に願って

Lecturer / Instructor Handbook　329

います。それは、業務だけではなく、人生のあらゆる面において、です。

　この本をお読みいただいた皆様が健康で充実した日々を送られることを願っています。そして、読んだ内容を実践し、違いを生み出していくことを心から応援しています。その一歩一歩がよりすばらしい講師になるためのステップなのです。

God bless.

Bob Pike

2017年1月22日

　ボブ・パイクの参加者主体の研修手法を学び、日本で実践してきたことを、このような形で皆様に共有できる機会をいただけたことを、心より感謝しています。

　原稿が滞っても温かく背中を押し続けてくださった、日本能率協会マネジメントセンターの柏原里美さん、本当にありがとうございました。素敵な本に仕上げてくださった、デザイナーの玉村幸子さんにもお礼を申し上げます。また、すでにこの手法を学び、実践し、その成果を共有し続けてくださっている講師の皆さん、いつも私も励まされています。ありがとうございます。これからもますます楽しみにしています。そして、私が日本語で書くことに対しての理解と信頼をもち続けてくれているボブに、心から感謝しています。ボブの理解と信頼がないと、この本は形になりませんでした。

　最後に、私がやりたい仕事をやりたいようにやることを見守り、支えてくれている家族（夫と犬たち）に心からの感謝の気持ちを伝えたいと思います。ありがとう！

中村文子

2017年1月22日

参考文献

- 『アクション・ラーニング』（デービッド・A.ガービン著、沢崎冬日翻訳、ダイヤモンド社）
- 『研修開発入門〜会社で「教える」、競争優位を「つくる」』（中原淳著、ダイヤモンド社）
- 『研修講師養成講座』（真田茂人著、中央経済社）
- 『研修効果測定の基本〜エバリュエーションの詳細マニュアル〜（ASTDグローバルベーシックシリーズ）』（ドナルド・マケイン著、霜山 元翻訳、ヒューマンバリュー）
- 『研修設計マニュアル: 人材育成のためのインストラクショナルデザイン』（鈴木克明著、北大路書房）
- 『研修プログラム開発の基本 〜トレーニングのデザインからデリバリーまで〜（ASTDグローバルベーシックシリーズ）』（サウル・カーライナー著、下山博志監修他、ヒューマンバリュー）
- 『すべてはあなたが選択している』（ウィル・シュッツ著、翔泳社）
- 『組織・人材開発を促進する教育研修ファシリテーター』（堀公俊／加留部貴行著、日本経済新聞出版社）
- 『ブレイン・ルール』（ジョン・メディナ著、小野木 明恵翻訳、日本放送出版協会）
- 『プロ研修講師の教える技術』（寺沢俊哉著、ディスカヴァー・トゥエンティワン）
- 『ラーニング・ファシリテーションの基本 〜参加者中心の学びを支援する理論と実践〜（ATD/ASTDグローバルベーシックシリーズ）』（ドナルド・マケイン／デボラ・デイビス・トビー 著、香取一昭翻訳、ヒューマンバリュー）

- Brain-Based Learning: The New Paradigm of Teaching, Eric P. Jensen, Corwin
- Brain Power: Unlock the Power of Your Mind, J.Graham Beaumont , Grange Books Ltd
- Designing Brain-Compatible Learning, Gayle H. Gregory, Terence Parry, Corwin
- Evidence-based Training Methods: A Guide for Training Professionals, Ruth Colvin Clark, ASTD
- How Learning Works: Seven Research-Based Principles for Smart Teaching, Susan A. Ambrose , Michael W. Bridges, Michele DiPietro, Marsha C. Lovett, Marie K. Norman, Jossey-Bass
- How People Learn: Brain, Mind, Experience, and School: Expanded Edition, Bransford, John D , Brown, Ann L. , and Cocking, Rodney R.

Editors, National Academy Press
- How the Brain Learns 4th Edition, David A. Sousa, Corwin
- Human Learning and Memory, David A. Lieberman, Cambridge University Press
- Learner-Centered Teaching: Five Key Changes to Practice 2 nd Edition, Maryellen Weimer, Jossey-Bass
- Mind, Brain, and Education: Neuroscience Implications for the Classroom, David A. Sousa, Editor, Solution Tree Press
- Mind, Brain, and Education Science: A Comprehensive Guide to the New Brain-Based Teaching, Tracey Tokuhama-Espinosa, W. W. Norton & Company
- Memory, Mind & Emotions, Ph.D. Maggie Greenwood-Robinson, Rodale Press
- Soundtracks for Learning: Using Music in the Classroom, Chris Boyd Brewer, LifeSounds Educational Services
- Taxonomy for Learning, Teaching, and Assessing, A: A Revision of Bloom's Taxonomy of Educational Objectives, Complete Edition, Lorin W. Anderson, Addison Wesley
- Teaching to the Brain's Natural Learning Systems, Barbara K Given, Association for Supervision & Curriculum Development
- Ten Best Teaching Practices: How Brain Research and Learning Styles Define Teaching Competencies, Donna E. Walker Tileston, Corwin
- The Great Memory Book, Karen Markowitz , Eric P. Jensen, Corwin
- The Jossey-Bass Reader on the Brain and Learning, Fischer, kurt, editor, Jossey-Bass,
- The Learning Brain : Lessons for Education, Blakemore, Sarah-Jayne and Frith, Uta, Blackwell
- The New Science of Learning: How to Learn in Harmony With Your Brain, Terry Doyle, Todd Zakrajsek, Stylus Publishing
- The Working Memory Advantage, Tracy Alloway , Ross Alloway, Simon & Schuster
- Tuning the Human Instrument: An Owner's Manual, Steven Halpern, Spectrum Research Institute
- Unlimited Memory: How to Use Advanced Learning Strategies to Learn Faster, Remember More and be More Productive, Kevin Horsley, TCK Publishing

• Use Both Side of your Brain, Tony Buzan, Plume

●中村文子
ダイナミックヒューマンキャピタル株式会社　代表取締役
ボブ・パイク・グループ認定マスタートレーナー

神戸市外国語大学を卒業。P&G、ヒルトンホテルにて人材・組織開発を担当後、
2005年にダイナミックヒューマンキャピタルを設立。クライアントは製薬、
電機メーカー、保険・金融、ホテル、販売・サービス業、さらには大学・学校
と多岐にわたる。「世の中から、退屈で身にならない研修を減らす」ことをミ
ッションに、講師・インストラクター・社内講師養成、研修内製化支援に注力。
教育制度構築、階層別研修、コミュニケーションスキル研修などの分野でも活
動中。著書に「Super Closers, Openers, Revisiters, Energizers Vol. 3」（共著、
Creative Training Productions LLC）。

●ボブ・パイク　Bob Pike
ボブ・パイク・グループ創設者・元会長

「参加者主体」の研修手法についての著書『クリエイティブ・トレーニング・
テクニック・ハンドブック　第3版』（日本能率協会マネジメントセンター刊、
現「Master Trainer Handbook」）は講師養成の分野でのベストセラー。他に
も20冊以上の著書をもつ。「参加者主体」の研修手法は全世界30か国以上で12
万人以上が受講している。アメリカで優れたスピーカーに与えられる称号CSP
（Certified Speaking Professional）をもち、人材開発の世界的機関ATD
（Association for Talent Development）ではレジェンダリー・スピーカーと
して称えられている。人材開発、講師養成の分野で40年以上の経験をもち、
2007年には、人材育成分野で最も影響を与えたリーダーに贈られる賞を受賞
している。

講師・インストラクターハンドブック

効果的な学びをつくる参加者主体の研修デザイン

2017年3月10日　　初版第1刷発行

著　　者——中村文子、ボブ・パイク
　　　　　©2017 Ayako Nakamura, Bob Pike
発 行 者——長谷川 隆
発 行 所——日本能率協会マネジメントセンター
〒103-6009　東京都中央区日本橋2-7-1 東京日本橋タワー
TEL　03(6362)4339(編集)／03(6362)4558(販売)
FAX　03(3272)8128(編集)／03(3272)8127(販売)
http://www.jmam.co.jp/

装　　丁——玉村幸子
本文デザイン——玉村幸子
ＤＴＰ———株式会社明昌堂
イラスト——玉村幸子
印 刷 所——広研印刷株式会社
製 本 所——星野製本株式会社

本書の内容の一部または全部を無断で複写複製（コピー）することは、
法律で認められた場合を除き、著作者および出版者の権利の侵害となり
ますので、あらかじめ小社あて許諾を求めてください。

ISBN 978-4-8207-5963-8　C2034
落丁・乱丁はおとりかえします。
PRINTED IN JAPAN

JMAM 既刊

NLPで最高の能力が目覚める
コーチングハンドブック
知識と経験を最大化するセンスの磨き方

山崎 啓支著　A5判　並製　400頁

コーチングやカウンセリング、セラピーにおいて、卓越した支援者になるためには「知識」「経験」に加えて「センス」が必要です。本書は、たくさんのプロコーチを受講生として抱える著者が抽出した、結果を出す"できる"コーチ(卓越した支援者)の共通する特徴(資質)とその高め方、真髄をまとめた1冊です。

経験学習によるリーダーシップ開発
米国CCLによる次世代リーダー育成のための実践事例

シンシア・D・マッコーレイ他著、漆嶋 稔訳
B5判　上製　512頁

リーダーシップ開発研究の世界的権威である米国CCL(センター・フォー・クリエイティブ・リーダーシップ)による経験学習研究の決定版。経験学習をどのように展開すれば良いかに悩む人事・人材育成担当、研修・教育に携わるすべての人にとって有意義な実践のためのヒントと今すぐ活用できるワークシート等を豊富に紹介。

組織も人も変わることができる！
なぜ部下とうまくいかないのか
「自他変革」の発達心理学

加藤 洋平著　四六判　並製　256頁

ハーバード大学教育学大学院教授ロバート・キーガンらによる「発達心理学」。成人としての発達段階を自覚し、今後の成長のプロセスを把握するために活用される理論で、欧米はもとより日本でも注目を集めています。本書は、部下育成に悩む課長が、発達心理学を元にどう変化していくかを追ったビジネスストーリー。